4Z
LE SENNE
2638

AF476054

MARTIN DOUBLE

Cette Notice a été tirée à 200 exemplaires sur papier vélin, à TRENTE *exemplaires sur papier de Hollande numérotés, et à* DEUX *exemplaires sur* PEAU VÉLIN.

MARTIN DOUBLE

RECHERCHES

SUR LA VIE DE CE CÉLÈBRE AVOCAT

DU QUATORZIÈME SIÈCLE

PAR

P.-L. JACOB

(Bibliophile)

PARIS
TYPOGRAPHIE DE CH. MEYRUEIS
13, RUE CUJAS
1869

A MONSIEUR LÉOPOLD DOUBLE,

Voici, mon cher ami, un livre, ou plutôt un opuscule, qui vous appartient à bien des titres.

Depuis longtemps vous aviez trouvé, dans notre histoire de France, à une époque fort reculée, un des premiers auteurs de votre famille, un des hommes les plus dignes d'honorer le nom que vous portez, un savant jurisconsulte, un magistrat éminent, un citoyen énergique et courageux, l'avocat Martin Double, célèbre sous le règne de Charles VI. La plupart des historiens ont dit ou laissé croire que Martin Double, coupable d'avoir défendu les droits du peuple et les priviléges des Bourgeois de Paris contre le Pouvoir royal devenu tyrannique et spoliateur, avait été mis à mort, sans jugement, par ordre du roi ou plutôt de ses oncles, les ducs de Berry et de Bourgogne.

Un de vos amis, un peintre de grand talent, eut l'idée de prendre pour sujet d'un de ses tableaux l'exécution de l'avocat général Jean Des Mares ou Des Marets, dans laquelle il aurait, sur la foi des chroniqueurs et des historiens, fait figurer maître Martin Double, et douze autres de ses nobles complices, avocats au Châtelet et au Parlement, échevins ou conseillers de la Ville, notables et bourgeois de Paris. Le sujet adopté, l'esquisse était faite : la toile représentait l'échafaud, dressé aux Halles, sur lequel les victimes, calmes et rési-

gnées, attendaient fièrement que le bourreau fît son office, tandis que le peuple, rassemblé à l'entour, manifestait sa douleur et son indignation par des menaces et par des larmes. C'était là, en effet, une grande et belle scène pour la peinture historique.

J'exprimai un doute à l'égard de la présence de Martin Double dans cette scène tragique. J'avais étudié autrefois les sources de l'histoire du règne de Charles VI, et je me rappelais confusément que Martin Double n'avait pas été compris dans le supplice des douze compagnons d'infortune de Jean Des Mares. Je demandai donc un plus ample informé, et l'on me défia de prouver que Martin Double n'avait pas été décapité, en 1383, *lors de la réaction qui suivit le retour du jeune roi et des princes du sang dans la capitale, après la campagne de Flandre et la victoire de Roosebecke.*

J'acceptai le défi et, l'avouerai-je, en feuilletant les histoires anciennes et modernes, en appelant à mon aide les témoignages des contemporains, je trouvai souvent matière à prolonger mes incertitudes et mon embarras. Enfin, la découverte de quelques pièces d'archives me donna les preuves incontestables dont j'avais besoin pour appuyer ma thèse, et je n'eus plus de peine à démontrer que Martin Double, emprisonné, avec beaucoup d'autres notables de Paris, et forcé, à coup sûr, de racheter sa vie avec une partie de sa fortune, avait survécu, quatorze ou quinze ans, aux déplorables circonstances qui accompagnèrent la soumission des Parisiens au roi, en janvier 1383.

Ainsi, vous n'avez pas, mon ami, l'honneur de compter votre illustre ancêtre parmi les sanglantes victimes des vengeances et des iniquités de la Politique; mais vous saurez que ce glorieux chef de famille a dignement payé sa dette de dévouement patriotique, en subissant les mauvais traitements, l'emprisonnement et les exactions, qui furent alors le partage des gros *bourgeois et des bons citoyens de Paris.*

C'est un fait peu connu et encore bien obscur, que cette lutte de la Bourgeoisie parisienne et de la Royauté, pendant les premières années du règne de Charles VI. J'ai essayé de jeter un peu de lumière dans ces ténèbres historiques, et il m'a semblé que le roi ou son Conseil, en accablant d'impôts arbitraires et onéreux les habitants de Paris, avait attenté aux anciennes franchises, aux prérogatives séculaires de la capitale : de là cette union du peuple et des bourgeois, pour repousser, d'un commun accord, les prétentions exorbitantes des seigneurs du parti royal.

Je n'avais donc qu'à recueillir fidèlement, sincèrement, ce que me fournissaient, sur ces événements encore mal éclaircis, les sources les plus authentiques de l'histoire du temps, et partout, au milieu des émotions et des troubles qui se succédaient sans cesse à cette époque, et dont Paris était toujours le théâtre, j'aimais à me représenter Martin Double et ses amis, employant toute l'autorité de leur nom, de leur influence et de leur talent, pour rétablir l'ordre dans la ville, et pour résister à la fois aux violences aveugles du Peuple et aux tyrannies calculées de la Royauté.

Je vous dirai, aussi, que, non content de mettre en relief le caractère civique de Martin Double, et de rechercher les traces du grand rôle qu'il a joué dans ces crises sociales ; je cherchais, j'espérais trouver autre chose, une particularité qui n'a pas de valeur dans l'histoire et que l'histoire n'a pas enregistrée, mais qui eût été pour vous, je n'en doute pas, un motif tout personnel de surprise, d'intérêt et de satisfaction.

J'aurais voulu pouvoir établir que Martin Double, qui était un des plus riches bourgeois de Paris, était, en outre, comme plusieurs de la même époque, un amateur d'art, un curieux, *un collectionneur, ainsi que vous l'êtes vous-même dans un temps plus propice, il est vrai, à la passion des arts, au goût de la Curiosité, aux charmes de la collection.*

C'est, en effet, à côté de Martin Double, que nous voyons apparaître en France les premiers collectionneurs, les premiers créateurs du luxe et de l'élégance domestiques. Ce sont des bourgeois de Paris, Miles Baillet, Guillaume Sanguin, Bureau de Dampmartin, Jacques Duchié, qui donnent, aux seigneurs, aux princes et aux rois, l'exemple de la magnificence et du confortable dans la vie privée. Jacques Duchié surtout se présente à nous comme le type accompli du curieux, *au quatorzième siècle.*

« *Cestui maistre Jacques Duchié, dit Guillebert de Metz dans sa fameuse* Description de la ville de Paris sous Charles VI, *estoit bel homme, de honneste habit et moult notable ; si tenoit serviteurs bien morigénés et instruits, d'avenant contenance.* » *Il avait un splendide hôtel, situé dans la rue de* Prouvelles *ou des* Prouvaires, *laquelle n'existe peut-être plus même de nom. La porte de cet hôtel était « entaillée de art merveilleux. » Dans la cour, des paons et autres oiseaux rares. « La première salle est embellie de divers tableaux et escriptures d'enseignements (inscriptions et emblèmes) attachiés et pendus aux parois. Une autre salle est remplie de toutes manières d'instruments, harpes, orgues, vielles, guiternes... Une autre salle estoit garnie de jeux d'eschez, de tables et d'autres manières de jeux, à grand nombre.* Item, *une belle chapelle où il y avoit des pupiltres à mettre livres dessus, de mer-*

veilleux art… Item, *une estude où les parois estoient couvers de pierres précieuses et d'espices (parfums) de souefve odeur.* Item, *une chambre où estoient fourreures de plusieurs manières.* Item, *plusieurs autres chambres richement adoubez de lits, de tables, engigneusement entailliés et parés de riches draps à orfrais.* Item, *en une autre chambre haulte, estoient grand nombre d'arbalestes, dont les aucuns estoient paintz à belles figures : là estoient estendards, bannieres, pennons, arcs à main, piques, planchons, haches, etc.* »

Vous le voyez, mon cher ami, c'est bien là un collectionneur, dans toute l'acception du mot; c'est un curieux *d'autant plus remarquable qu'il n'avait sans doute pas beaucoup d'imitateurs : il collectionne, en même temps, des instruments de musique, des tableaux, des tapisseries, des manuscrits, des joyaux, des meubles et des armes. Tout ce qui compose la* Curiosité, *se trouve réuni dans son hôtel de la rue des Prouvaires.*

Je vous en prends à témoin, Martin Double était, devait être un des concurrents de Jacques Duchié, en fait de raretés et d'objets d'art, Jacques Duchié, clerc des comptes et bourgeois de Paris, Martin Double, riche bourgeois et conseiller du roi au Châtelet.

Ah! si j'avais pu déterrer, aux Archives de l'Empire, l'état des joyaux appartenant à maître Martin Double, et l'inventaire des meubles de son hôtel, comme les inventaires prodigieux de l'hôtel de Saint-Pol, du Louvre, de l'hôtel du duc de Berry, de l'hôtel du duc d'Anjou, de l'hôtel des ducs de Bourgogne, etc., que nous possédons en original, et dont le savant M. L. Douet d'Arcq a publié quelques fragments! Quelle joie eût été la vôtre, de vous reconnaître en quelque sorte dans un de vos aïeux, et d'admirer, à cinq siècles de distance, l'intelligence, le goût et l'art, qui avaient présidé au rassemblement de ses collections!

A cette époque, les fantaisies et les convoitises du riche collectionneur se concentraient généralement sur les joyaux d'or et d'argent, historiés, figurés, niellés, émaillés, avec force perles et pierres précieuses; car les joyaux, renfermés dans des armoires ou étalés sur des dressoirs, pouvaient, à la moindre apparence de danger, à la première alerte, rentrer au fond des coffres portatifs qu'on enlevait aussitôt à bras d'homme ou à dos de mulet. Le mobilier, lourd et massif, presque architectural, peu nombreux et immobile, malgré son nom, dans des appartements nus et vides, ne pouvait pas être encore, du moins en général, la préoccupation du collectionneur : on était, presque partout, même chez les grands, mal logé, mal assis, mal couché, dans de vastes salles, froides et humides. Jacques Duchié avait donc fait une heureuse innovation dans les mœurs de la Bourgeoisie, en créant, en ornant, en meublant son hôtel, qui excitait à juste titre l'admiration de Guillebert de Metz.

Eh bien! supposons, ce qui est d'ailleurs très-possible, que l'hôtel de Martin Double, qui était aussi riche que Jacques Duchié, ne le cédait pas en richesse et en ordonnance à l'hôtel de cet opulent clerc des comptes, et cet hôtel de votre ancêtre, hôtel dont je n'ai pas encore constaté la place dans la topographie du vieux Paris, devient aussitôt, pour ainsi dire, l'origine, le point de départ, le modèle de vos collections en tout genre, qui vous ont fait, pour la récréation de vos yeux et pour l'entretien de votre esprit, un entourage incomparable des plus beaux objets d'art et des plus charmants spécimens du Mobilier historique.

On aime à se reconnaître, à se retrouver dans ses ancêtres : Un jour, j'en ai le pressentiment, je vous en réponds, j'exhumerai quelque document poudreux, quelque parchemin vénérable, qui nous apprendra que Martin Double, dix ans, quinze ans après le temps qu'on assigne ordinairement à sa mort et à son exécution imaginaire, faisait concurrence à Jacques Duchié, pour l'acquisition des belles armes, des belles tapisseries, des beaux manuscrits, des beaux meubles, des belles pièces d'orfévrerie.

A vous de cœur,

Paul LACROIX,

(Bibliophile Jacob.)

Bibliothèque de l'Arsenal, 15 *novembre* 1868.

Post-Scriptum. *Je n'ai pas encore trouvé ce document que je cherche, et qui m'autoriserait à mettre l'avocat Martin Double en tête de la liste des collectionneurs parisiens ; mais je vois, dans un vieux titre de la Chambre des comptes de Paris, qu'un personnage de son nom et de sa famille était garde des armes du roi, sous le règne de Louis X, dit le Hutin. Le garde des armes* (custos armorum) *avait, dans la maison du roi de France, une charge qui semble correspondre à celle de premier écuyer. Le document, qui nous apprend qu'un Double ou Doublet fut revêtu de cette charge au commencement du quatorzième siècle, est un rouleau de parchemin, à demi rongé par l'humidité, que Ducange avait eu entre les mains, et qui est conservé maintenant aux Archives de l'Em-*

pire. Ducange en a donné un extrait, dans son inestimable Glossaire, au mot ARMATURA, *et les savants éditeurs du* Recueil des Historiens des Gaules et de la France *l'ont reproduit* in extenso *dans cet immense répertoire de nos archives nationales.*

« *C'est l'inventoire des Armeures, et premièrement de celles que Doublet a rendues aux Exécuteurs.* » *Cet inventaire, qui fut dressé après la mort du roi Louis X, nous offre une description assez détaillée de toutes les armes et armures que renfermait la collection placée sous la garde de messire Doublet. Cette collection était certainement plus nombreuse et plus riche que celle qu'on admira plus tard dans l'hôtel de Jacques Duchié. C'était presque un musée d'artillerie, dans lequel on avait réuni non-seulement des armes offensives et défensives de toute espèce et de toute provenance, mais encore des tuniques et des cottes d'armes, en étoffes de luxe, splendidement brodées et armoriées, des habillements de tournois, des bannières et des* pennonciaux, *la plupart semés de fleurs de lis d'or sans nombre sur champ d'azur.*

Il y avait là sans doute des armes historiques, c'est-à-dire qui avaient été portées par les rois de France, puisque, suivant l'inventaire, quelques-unes de ces armes étaient anciennes et en mauvais état : les eût-on conservées avec autant de soin, si elles n'avaient pas dû leur prix aux souvenirs qu'elles rappelaient? Ainsi, on remarquait, parmi elles, une relique de saint Louis : item, un couteau à manche de fust et de fer, qui fu S. Loys, si comme l'en dit. *Voilà bien une collection d'amateur, décrite en* 1317, *mais qui remontait évidemment à une époque antérieure. Nous voyons, dans cette collection royale, des hauberts et haubergeons de Lombardie, des gorgières en jazeran d'acier, fabriquées à Pise et à Chambly, des épées de Toulouse et de Bray, épées garnies d'or et d'argent, à pommeau émaillé, des poignards ou miséricordes de Verzy, des heaumes et chapeaux ronds en métal doré, des chanfrains et des armures de cheval, d'une extrême magnificence, etc. Nombre de ces objets se recommandaient par le nom de l'ouvrier qui les avait* ouvrés, *et qui s'était distingué dans son art. L'inventaire nomme deux de ces artistes armuriers, en citant : « une espée de Jean d'Orgeret, » et « le bon fer de glaive de le Roy. »*

Je ne résiste pas au plaisir de mentionner différentes pièces de cette précieuse collection, que messire Doublet avait en garde, probablement au château du Louvre, car l'hôtel de Saint-Pol et la Bastille n'existaient pas encore, et l'arsenal des armes devait être en lieu sûr : il fallait des bahuts ou des coffres bien fermés pour mettre à l'abri des intempéries de l'air les somptueux parements de drap, de velours et de cendal, que les chevaliers revêtaient alors par-dessus leur harnois de fer et d'acier, par exemple : « une tunique et une houce de drap, des armes de France et de Navarre, d'or de Chipre, les fleurs broudées de pelles (fourrures) ; » — « trois paires de couvertures gamboisées des armes du Roy, et unes Indes jazeguenées ; » — « une cote gamboisée à arbroissiaus d'or, broudée à chardonnereus ; » — « deux targes (boucliers à main) de France et de Navarre, et un escu Ynde à lettres d'or, et un chappiau de France et de Navarre, etc. »

Il vous plaira sans doute, mon cher ami, de rencontrer, dans l'armurerie de Louis X, un de vos aïeux, qui était certainement un homme de guerre, et qui avait appris, sur les champs de bataille, à connaître les armes que le roi lui donnait à garder. Vous allez me demander si messire Doublet, le garde des armures du roi, n'était pas le père d'Olivier Double ou Doublet, qui fut l'écuyer du dauphin Charles, duc de Normandie, et de Colin Double ou Doubleau, confident et agent secret de Charles le Mauvais, roi de Navarre et comte d'Évreux? La parenté entre eux me semble presque certaine; mais il resterait à en établir les degrés, et à fournir les preuves généalogiques, qui sont toujours bien rares et bien indécises, à cette époque si éloignée de nous. On les découvrira peut-être tôt ou tard, mais ce qu'on ne découvrira pas, pour la plus grande joie des collectionneurs, c'est ce couteau à manche de bois et de fer, qui avait appartenu à saint Louis.

MARTIN DOUBLE

RECHERCHES

SUR LA VIE DE CE CÉLÈBRE AVOCAT DU QUATORZIÈME SIÈCLE

Maître Martin Double ou Doublet, dont le nom est signalé dans l'histoire de France sous le règne de Charles VI, a été mis à mort par la plupart des historiens, quinze ou vingt ans avant l'époque probable de son décès.

Il ne s'agit donc pas de réhabiliter ici ce célèbre avocat, qui aurait été, suivant les chroniqueurs contemporains, une des victimes de la réaction politique qui ensanglanta Paris, en 1383, lorsque le jeune roi Charles VI, accompagné de ses oncles, les *régents de France*, rentra dans sa capitale, avec son armée victorieuse, après la campagne de Flandre : Martin Double n'a pas besoin de réhabilitation, puisque le crime, qu'il aurait payé de son sang, n'était autre que son patriotisme et son dévouement à ses devoirs de citoyen. Martin Double, de même que son ami et complice le sage et vénérable avocat du roi, Jean Des Mares, ancien prévôt des marchands, est une des plus nobles et des imposantes figures de la vieille Bourgeoisie parisienne.

Nous voulons, en faisant connaître maître Martin Double un peu mieux qu'il ne l'est aujourd'hui, prouver qu'il a survécu au moins quinze ans aux terribles représailles que la Royauté crut devoir exercer contre les *gros* bourgeois de

Paris, qu'elle accusait d'avoir encouragé la révolte des Maillotins ou, du moins, de ne l'avoir pas réprimée.

On ne sait rien sur maître Martin Double, avant la date de son anoblissement, qui eut lieu presque en même temps que celui de l'avocat du roi en Parlement, messire Jean Des Mares, par lettres patentes de Charles V, données à Montargis, le 18 octobre 1378. A cette époque, il était déjà conseiller au Châtelet, d'où l'on peut conclure qu'il n'avait pas moins de quarante à quarante-cinq ans d'âge.

Nous ne doutons pas que Martin Double, qui avait acquis une charge de conseiller au Châtelet de Paris, après s'être distingué comme avocat au Parlement, ne fût dès lors un des notables de la Bourgeoisie parisienne. Il est même permis de supposer qu'il avait, comme Jean Des Mares, rempli honorablement quelque charge de la municipalité, au Parloir aux Bourgeois, et que ce sont là les nombreux services rendus au roi, que mentionnent ses lettres d'anoblissement.

La Bourgeoisie de Paris, vers ce temps-là, était, en quelque sorte, le premier degré de la noblesse. Ce fut Charles V, qui, en 1371, avait accordé cette espèce de noblesse civique aux bourgeois de Paris, en général, pour les récompenser d'avoir constamment servi la royauté, en lui prêtant aide et secours en toute occasion. Les bourgeois de Paris, en effet, ne s'étaient jamais montrés récalcitrants pour le payement des tailles et des impôts extraordinaires, que les rois avaient prélevés bien des fois sur les habitants de leurs bonnes villes.

Cette *noblesse de ville*, créée par Charles V, sous le nom de *bourgeoisie*, n'était acquise, avec tous ses priviléges, qu'à ceux qui avaient occupé une charge municipale, comme celle de maire ou d'échevin[1]. Gilles Corrozet, l'historiographe de Paris, nous apprend quels étaient les priviléges

1. Ch. Loyseau, *Du Droit des Offices*, liv. I, ch. VII.

de la Bourgeoisie : « En 1409, dit-il, le roy Charles VI confirma les lettres données par son père aux bourgeois de Paris, touchant les jouissance et privilége de tenir fiefs et arrière-fiefs, user des droits de noblesse, à sçavoir, selon les mérites et facultez des personnes, prendre les armes de chevalier, avoir bride d'or, esperons dorez et autres accoustremens appartenant à l'état de chevalerie. »

On verra tout à l'heure que Charles VI, avant de se résigner à la confirmation des lettres de noblesse accordées par son père aux bourgeois de Paris, avait fait subir à ces pauvres bourgeois, sans doute à l'instigation des gentilshommes et des nobles de race, bien des vexations, bien des injustices et surtout bien des spoliations pécuniaires. Il faut dire aussi que les bourgeois de Paris avaient voulu peut-être imiter les gentilshommes, en osant tenir tête à l'autorité royale et en résistant surtout, de toutes leurs forces, aux exactions du fisc qui augmentaient sans cesse avec le luxe et les prodigalités de la cour de l'hôtel de Saint-Pol.

Martin Double était donc bourgeois de Paris, quoique sa famille ne fût peut-être pas d'origine parisienne : elle devait être pourtant établie depuis plus d'un siècle dans la capitale, car, en 1230, le Parlement de Paris, par ordre du roi, fit faire une enquête pour savoir si le nommé Bernard Double, que le bailli d'Amiens avait mis en état d'arrestation, était réellement bourgeois de Péronne, comme le prétendait ledit Bernard, ou bien homme lige de l'église de Lihons en Santerre. Voici le document relatif à cette enquête qui prouverait que les Double de Paris tiraient leur origine de Picardie.

« Inquesta facta, ex mandato regis, die lunæ et die Martis post assumptionem beatæ Virginis, per magistrum Robertum, clericum domini Regis, dominum Ymbertum de Templices, militem, et Stephanum, clericum domini Gauffredi

2

BIBLIOTHÈQUE NATIONALE R.F. IMPRIMÉS

de Milliaco, baillivi ambiacensis, ad sciendum an quidam Bernardus Double, a baillivo ambiacensi comprehensus, esset burgensis de Perona, vel homo ecclesiæ de Lihons[1]. »

Cette enquête, dont nous ignorons les résultats, donnerait à penser que Bernard Double, en prenant la qualité de bourgeois de Péronne, avait voulu se soustraire au service féodal que l'église de Lihons en Santerre voulait exiger de lui, probablement à cause de quelque terre dont il était tenancier. Ce fut sans doute à la suite de ce procès, que Bernard Double s'établit avec sa famille dans la capitale et y fit souche de bourgeois de Paris.

Un siècle plus tard, l'histoire nous intéresse à la fin tragique d'un personnage du même nom et certainement de la même famille. Olivier Double ou Doublet, que le second continuateur de la *Chronique de Nangis* nomme *Duplex*, était un des écuyers favoris du dauphin Charles, duc de Normandie, fils du roi Jean[2]. Cet écuyer fut accusé, avec d'autres seigneurs, complices de Charles le Mauvais, roi de Navarre, d'avoir projeté l'enlèvement du dauphin, pour le conduire à la cour de l'empereur Charles IV. Le 3 avril 1355, tandis que le duc de Normandie était à table avec le roi de Navarre et une vingtaine de seigneurs de sa maison, dans le château de Rouen, le roi, accompagné des princes du sang, de ses plus fidèles barons et chevaliers, apparut tout à coup dans la salle du festin, fit arrêter le roi

1. Layettes du Trésor des Chartes, par A. Teulet. *Paris, H. Plon*, 1866, in-4, t. II, p. 184.

2. Dans un document de 1356 (Déposition de Friquet, gouverneur de Caen), sur plusieurs faits concernant le roi de Navarre, il est question d'un de ses officiers, nommé *Colin Doubleau* (un autre document le nomme *Colinet Doublet*), qu'il aurait envoyé secrètement en Angleterre, au duc de Lancastre. Colin Doubleau ne nous paraît pas être le même que l'écuyer Olivier Double ou Duplex; mais ils étaient de la même famille. (Voy. le Recueil de pièces servant de preuves aux Mémoires sur les troubles excités en France par Charles le Mauvais, roi de Navarre. *Paris, Durand*, 1755, in-4, p. 55.)

de Navarre ainsi que la plupart des convives, et ordonna de décapiter immédiatement quatre d'entre eux. Olivier Doublet fut une de ces quatre victimes, menées hors de la ville et mises à mort, sans forme de procès, sous les yeux du roi, dans le *Champ du Pardon.* Les cadavres restèrent, pendant plus de trois ans, au gibet de Rouen.

Mais, à la fin de 1358, le roi se réconcilia avec le roi de Navarre et accorda des lettres de rémission à tous ceux qui avaient été compris dans les poursuites judiciaires exercées contre ce prince. Ces lettres de rémission ne pouvaient rappeler à la vie Olivier Doublet, qui avait été exécuté avec le seigneur de Graville, le comte d'Harcourt et messire Maubué de Mainemare. On alla donc enlever les squelettes encore accrochés au gibet; on les ensevelit très-honorablement et on les enferma dans des coffres, pour les transporter solennellement au lieu même de leur exécution, où l'on chanta pour eux les vigiles des morts. On leur fit ensuite de magnifiques obsèques, aux frais du roi de Navarre et de la ville de Rouen, avant de les inhumer dans le charnier de l'église de Notre-Dame.

Si, comme nous sommes porté à le croire, messire Olivier Double ou Duplex, écuyer du dauphin, était proche parent de l'avocat Martin Double, il ne serait pas étonnant que celui-ci eût conservé contre le roi de Navarre un ressentiment qu'il trouva l'occasion de satisfaire, vingt-trois ans plus tard, dans un procès criminel intenté aux agents et complices de ce prince, car c'était à lui seul et à ses intrigues qu'on devait imputer la mort d'Olivier Double, qu'il avait fait enterrer depuis avec tant de pompe [1].

Dans tous les cas, la famille Double résidait à Paris depuis

1. Mémoires pour servir à l'histoire de Charles II, roi de Navarre et comte d'Évreux, surnommé le Mauvais, par Secousse. *Paris, Durand,* 1758, in-4, p. 72 et suiv., 165 et suiv.

deux ou trois générations[1], lorsque Martin Double dut à ses services, à sa réputation, à son talent, d'être anobli par le roi Charles V. Les lettres de noblesse, en date du 26 octobre 1378, ne renferment aucune particularité sur la personne et les services de Martin Double : elles font seulement savoir à tous présents et à venir, que « la faveur royale élève volontiers aux honneurs et récompense gracieusement les personnes qui, par leurs bonnes vie et mœurs, leurs utiles et agréables services, se sont montrées dignes de ces honneurs, afin d'exciter l'émulation de ceux qui au-

1. Dans un compte de capitation, pour la prévôté de Paris, en 1285 (*Compotus ballivorum Franciæ*, t. XXII, p. 625, des *Histor. des Gaules et de la France*), il y a un Anquetin Doublet, qui s'était engagé à payer, à volonté *(ad voluntatem)*, au bailli chargé de lever l'impôt pour le roi, trois deniers par jour, ce qui faisait une somme de 12 sous parisis par mois, équivalant à 75 ou 80 francs de notre monnaie. Nous n'avons pas trouvé le nom de *Double*, dans le Rôle de la taille imposée sur les habitants de Paris en 1292 (publié par H. Guéraud, sous le titre de : *Paris sous Philippe le Bel*, dans la Collection des Documents inédits), mais on ne doit pas en conclure qu'il n'y avait alors dans la capitale aucun membre de la famille Double ; car on sait que la taille annuelle, levée au profit du roi, ne frappait pas les gentilshommes, ni les *clercs*, ni les tenanciers de fiefs ou d'arrière-fiefs. Cependant, les propriétaires de maisons, louées à bail, avaient à payer une redevance dans les tailles extraordinaires, que le roi, comme seigneur féodal, avait le droit de lever, pour marier sa fille aînée, ou pour entreprendre le voyage d'outre-mer, ou pour payer sa rançon, ou pour armer son fils aîné chevalier. Ce fut à cause de la *chevalerie* de son fils aîné, que Philippe le Bel imposa une taille extraordinaire sur les habitants de Paris, en 1313. Deux personnes de la famille Double, sans profession *marchande*, et, par conséquent, propriétaires, figurent parmi les imposés : Jehan Doublet, demeurant rue Quincampoix, paye XVIII sous parisis, environ 120 fr. de notre monnaie, et Thomas Doublet, demeurant rue Saint-Jean-en-Grève, paye XII sous parisis, environ 80 fr., suivant le cours actuel des monnaies. Le taux ordinaire de la taille était du dixième du revenu déclaré par l'imposable ; Jehan Doublet et Thomas Doublet payèrent donc le décime sur le bail des maisons qu'ils possédaient et qu'ils n'habitaient pas. Ils auraient été exempts de la taxe, comme ne s'entremettant pas de *marchander* (Coutumes de Beauvoisis, par Ph. de Beaumanoir), s'ils eussent habité les immeubles qui leur appartenaient. Voy. le Livre de la taille de Paris, en l'an mil trois cent treize, dans la Collection des Chroniques nationales françaises ; publié par J.-A. Buchon, à la suite de la Chronique métrique de Godefroy de Paris. Tome IX. *Paris, Verdière*, 1827, in-8, p. 99 et 124.

raient à cœur de les imiter; en conséquence, le roi anoblit son fidèle conseiller au Châtelet, maître Martin Double, ainsi que toute sa postérité et descendance de l'un et l'autre sexe, née de légitime mariage, et ce en récompense de sa vie méritoire, de l'honnêteté de ses mœurs, de ses autres vertus et des services nombreux qu'il avait rendus à l'Etat[1]. »

Ces lettres de noblesse, dont l'original existe encore aux Archives de l'Empire, sont écrites en latin; nous les reproduisons textuellement avec les fautes de rédaction qui peuvent s'y trouver:

« Karolus, rex Francorum, notum facimus universis presentibus et futuris quod Regalis Clementia libenter illos attollit honoribus et favore prosequitur gratioso, quos ad id mores et vita grataque et utilia Regie Serenitati impensa servicia reddunt dignos, ut dum propter hoc honoribus senserunt se refectos et talibus vacasse letentur, et alii ad ipsorum imitanda vestigia ferventius animentur. Notum igitur facimus universis presentibus et futuris, quod attentis vitâ laudabili, morum honestate, et aliisquam pluribus virtutum generibus, que dilecto et fideli Consiliario nostro in Castelleto nostro Parisiensi Magistro Martin Double novimus suffragari, necnon gratis acceptis utilibus serviciis que nobis fideliter et laudabiliter prestitit et impendit, pro quibus non immerito nobis se gratum reddidit, quam plurimum et acceptum nos ipsius personam honorare volentes, sicque sibi ac toti proli et posteritati ejus, perpetuo cedere valeat ad honorem. Eumdem Magistrum Martinum ac totam ejus posteritatem et prolem utriusque sexus in matrimonio legitimo procreandam, de mea plenitudine Regie Potestatis,

1. Registres de la Chancellerie de France. Trésor des Chartes, registre 113, pièce 301.

excertaque sciencia et gracia speciali, nobilitavimus nobilesque facimus et habiles reddimus ad omnia et singula, quibus cuncti nobiles dicti Regii nostri utuntur et uti possunt et consueverunt. Itaque idem Magister Martinus ac tota ejus posteritas masculina in legitimo matrimonio procreanda quandocumque et a quocunque milite voluerint milicie cingulo valeant decorari : Concedentes ipsi Magistro Martino ac ejus universe posteritati et proli procreande quod ipsi et eorum quilibet in omnibus et singulis actibus et locis, et rebus in judicio et extra pro nobilibus et ut nobiles ab omnibus de cetero reputentur, habeantur, et in perpetuum teneantur cujuslibetque nobilitatis prærogativa necnon, privilegiis, franchisiis, honoribus, et libertatibus ac juribus universis et singulis quibus certi nobiles dicti regni gaudere possunt et uti, plenarie, pacifice, libereque et quiete, in perpetuum gaudeant et utantur quodque ipsi et quilibet eorumdem ac cujuslibet ipsorum proles seu posteritas procreanda, feoda, retrofeoda nobilia atque possessiones nobiles, quecunque sint et quecunque nobilitate perfulgeant, acquirere, habere, tenere, et possidere, acquisitaque per eos et ipsorum quemlibet hactenus et etiam in futurum acquirenda perpetuo retinere et habere licite valeant, absque coaccione ea vel eas seu aliqua committendi in parte, vel in toto vendendi, vel extra manus ipsorum ponendi, ac si fuissent et essent ab antiquo et originaliter nobiles et a personis nobilibus ex utroque latere procreati. Et absque eo quod ipsi, vel eorum aliquis, seu aliqui pro ipsis, vel eorum aliquibus, financiam qualemcumque nobis aut successoribus nostris aut eorum aliquibus, vel eciam pro nostra presenti gracia facere vel presentare nunc vel alias imposterum allatenus teneantur, non obstantibus constitucionibus et ordinationibus quibuscunque. Et ut hec omnia premissa firma ac stabilia permaneant in futurum, sigillum nostrum presentibus litteris duximus apponendum, salvo in aliis nostro jure et in omnibus quolibet alieno.

« Datum in castro nostro Montargi, die vigesima sexta octobris anno Domini 1378 ; regni nostri decimo quinto.

« *Per Regem*. L. BLANCHET. »

Les véritables motifs de l'anoblissement de maître Martin Double ne sont pas indiqués dans ces lettres patentes, où il est dit, en termes assez vagues, que cet avocat, pourvu d'une charge de conseiller au Châtelet de Paris, s'était « souvent rendu utile et agréable au roi. » Il est donc permis de supposer que Martin Double, de même que le célèbre avocat du roi, Jean Des Mares ou Des Marets, avait été employé comme avocat ou conseiller, dans les affaires particulières de Sa Majesté, et que, l'année même où il fut anobli, il s'était entremis dans les procédures criminelles dirigées contre le roi de Navarre et ses agents secrets, Du Tertre et Jacques de Rue, détenus au Châtelet, lesquels furent condamnés à mort et décapités, aux Halles de Paris, le 21 juillet 1378, pour avoir voulu empoisonner le roi et la famille royale[1].

Martin Double devait à son talent d'avocat sa réputation et ses richesses. « Sous le règne de Charles VI, dit Antoine Loisel dans son *Dialogue des Avocats*[2], je trouve un bien grand nombre d'avocats, comme maistres Jean Filleul,

1. Nous voyons, en effet, que maître Martin Double siégeait à côté de maître Jean Des Mares, dans la nombreuse assemblée, qui se réunit, le 16 juin 1378, en Parlement, sous la présidence du chancelier de France, pour entendre lire les interrogatoires, et les confessions de Pierre du Tertre, chambellan du roi de Navarre. *Recueil de pièces servant de preuves aux Mémoires sur les troubles excités en France, par Charles II, dit le Mauvais, roi de Navarre et comte d'Évreux*, par Secousse. *Paris, Durand*, 1755, in-4, p. 384 et 432.

2. Divers Opuscules, tirez des Mémoires de M. Antoine Loisel, avocat en Parlement. *Paris, impr. de la veuve de J. Guillemot*, 1652, in-4.

Jean de Rumilly, Gilles Le Noir, Raoul d'Ulmones, Jean Le Cocq dit Galli, Jean de Neuilly, Raoul d'Amiens, Denys de Mauroy, Pierre l'Orfévre, Jean Couard, Jean Perier, Jean Juvenel des Ursins, Clément de Reillac, Raoul Pimont, Martin Doublé, Oudard Bertine et Jean de La Rivière, tous fameux avocats de leur temps, mais principalement Le Cocq, lequel, ayant longuement plaidé pour le roy, et pour plusieurs parties, nous a conservé les noms de la plupart des susnommez, et laissé beaucoup de notables arrests et décisions du Droit civil, Canon, Coustumier et François. » Antoine Loisel et quelques autres jurisconsultes ont attribué, par erreur, le nom de *Doublé*, à Martin Double ou Doublet, qui est nommé *Doublus* et *Duplex* dans les textes latins[1].

Il paraîtrait que les règnes de Charles V et de Charles VI, malgré les guerres des Anglais et les séditions populaires, malgré la peste, la famine et les autres calamités publiques, furent, pour les avocats de Paris, une époque exceptionnelle de prospérité et de fortune. Ils étaient devenus tous riches; au dire du poëte Eustache Deschamps qui ne les épargne pas, toutes les fois qu'il parle, dans ses poésies, de leur luxe, de leur mollesse et de leur magnificence. On sait, en effet, que, dans ce temps-là, il y avait une rivalité permanente entre les avocats et les nobles, qui les appelaient dédaigneusement *chaperons fourrés* et qui ne leur pardonnaient pas leur faste et leur orgueil. Eustache Deschamps dit, avec une amertume où perce un peu d'envie, que les avocats de Paris avaient des chapelles dans leurs hôtels et des chapelains à leurs gages; qu'ils étaient toujours vêtus de soie et

1. Nous rencontrons, dans les *Olim* du Parlement, un Jean Duplez, chanoine de Notre-Dame, au douzième siècle. Le nom de Martin Double est traduit par *Duplex*, dans les actes du procès criminel de Jacques de Rue et de Pierre du Tertre, conservés au Trésor des Chartes. Dans la Chronique du Religieux de Saint-Denis, il est nommé *Martinus Duplicis*, ce qui devrait se traduire par *Martin de Double* ou *du Double*.

de fourrures (*menu vair*); que leurs femmes, plus pimpantes que les meilleures bourgeoises, portaient des surcots garnis d'hermine et des jupes en drap de *camocas;* que ces *damoiselles* allaient, par les rues, sur des haquenées, ou bien, quand le temps était mauvais, se faisaient traîner dans des chars suspendus par des chaînes et tout *peinturés dedans et dehors.*

L'opulence des avocats témoigne de la multiplicité des procès à cette époque; ils ne pouvaient, sans doute, aux termes de la loi, exiger, des parties, plus de cinq sols tournois par plaidoyer, mais ils savaient s'y prendre de telle sorte qu'ils ne plaidaient pas à moins de 25 francs d'or. En outre, ils s'attachaient à des familles nobles, en qualité de conseillers ou de chanceliers privés, et ils tiraient d'amples profits de la confiance qu'on leur accordait et qu'ils justifiaient, d'ailleurs, en administrant fructueusement la fortune de leurs clients. Les grands avocats étaient ainsi chanceliers des princes du sang et des principaux seigneurs de la cour.

Au reste, Martin Double, qui fut, en 1383, un des plus riches bourgeois de Paris[1], tenait déjà un grand état de maison, treize ans auparavant, car nous voyons, dans des lettres patentes du roi, datées de juillet 1379, qui confirment un arrêt du Parlement, que maître Martin Double avait acheté à un marchand de poisson de mer, nommé Geoffroi Lallemant, et fait venir, par eau, à Paris, pour l'usage des gens de son hôtel, un nombre de barils d'anchois salés, lesquels ne coûtaient pas moins de 25 deniers d'or à l'écu, somme considérable si on l'estime au taux actuel de la monnaie et au prix courant des denrées[2].

1. *Ex ditioribus*, dit le Religieux de Saint-Denis, dans sa Chronique. *Paris, impr. de Crapelet*, 1839, in-4, t. Ier, p. 236.
2. Ordonnances des Rois de France, t. VI, p. 404 et suiv. Il est dit, dans cet arrêt du Parlement, que Jean Boutery, procureur général du Parlement, désigné par le roi pour maintenir la juridiction du prévôt de

On s'explique, par ce seul fait, quelle devait être l'importance d'une maison bourgeoise, dans laquelle on pouvait consommer, durant le cours d'une année, à la table des maîtres, des commensaux et des serviteurs, environ vingt-cinq barils ou caques d'anchois. Il est vrai qu'à cette époque la consommation du poisson de mer était dix ou douze fois supérieure à ce qu'elle est aujourd'hui. Quant au personnel domestique d'une famille riche, on peut s'en faire une idée, en voyant, dans les Comptes de l'hôtel du roi, de la reine ou des princes du sang, l'innombrable quantité d'officiers et de valets qui composaient chaque catégorie du service intérieur de l'hôtel. Or, les *gros* bourgeois de Paris vivaient aussi magnifiquement que les grands seigneurs, et l'on ne saurait donner trop d'extension au sens de ces paroles de Guillebert, de Metz, dans sa *Description de Paris sous Charles VI* : « Grand foison de riches bourgeois avoit, et d'officiers qu'on appeloit petits royetaus de grandeur[1]. »

Il y aurait à tirer, de la mise en cause de Martin Double, dans le mémorable procès des *Prises de poisson de mer*, une induction naturelle qui nous amènerait à supposer qu'il possédait quelque fief ou arrière-fief sur les bords de la Seine et probablement dans le voisinage des terres de l'abbaye de Saint-Denis. Les possesseurs de fiefs, en effet, s'arrogeaient seuls le droit de prendre, au passage, leur provision

Paris sur la marchandise de poisson de mer, avait fait saisir, à bon droit, entre les mains de maître Martin Double, la somme que celui-ci devait à Geoffroi Lallemant : « Quod ad bonam et justam causam dictus Boutery, nomine quo supra, fecerat arrestari viginti quinque denarios auri ad scutum supra Martinum Double..., ad causam Gaufridi Almanni, pro pluribus barillis allecium caquis, quos dictus Gaufridus per aquam Parisiis miserat Martino prædicto. »

1. Voy. une savante dissertation sur la Bourgeoisie parisienne vers la fin du quatorzième siècle, dans la grande publication commencée sous les auspices de M. le préfet de la Seine : *Paris et ses historiens aux quatorzième et quinzième siècles*, documents et écrits originaux recueillis et commentés par Le Roux de Lincy et L.-M. Tisserand (*Paris, impr. impér.*, in-4, t. 1er, p. 319).

personnelle sur le poisson de mer, arrivant, par eau ou par terre, aux Halles de Paris. C'était là un abus très-ancien, contre lequel protestaient à la fois les marchands poissonniers et la prévôté de Paris.

« Les seigneurs, dit Nicolas de la Marre dans son savant *Traité de la police*[1], les grosses abbayes, les principaux habitants des villes et les garnisons des places fortes, arrêtoient les marchands et voitures de marée sur les routes de mer à Paris, et leur faisoient donner ce qui leur plaisoit des poissons dont les voitures de ces pauvres forains étoient chargées; les uns se servant du prétexte de prétendus péages qui leur étoient dus et qu'ils convertissoient, de leur autorité, en nature de poisson; d'autres payoient, en effet, ce qu'ils prenoient de ces marchands, mais arbitrairement et toujours au-dessous de la juste valeur, et d'autres, enfin, sans y faire tant de façons, n'y employoient que la force. » Les plaintes des marchands qui se disaient lésés par ces violences provoquèrent, en 1351, les premières poursuites contre les plus anciens *usagers* du droit de prise, c'est-à-dire l'abbé et les religieux de Saint-Denis, la dame de Flamancourt, le comte de Vexin et le sieur de Rudepont.

Le procès, une fois engagé devant le Parlement, se compliqua et se renouvela, sous toutes les formes, pendant plus de quarante ans. La prévôté des marchands intervint à son tour et fit valoir ses priviléges, qui l'autorisaient à prélever une taxe sur la marée qu'on apportait aux Halles, par eau comme par terre. La prévôté eut gain de cause et elle commença dès lors à lutter opiniâtrément avec tous ceux qui exercaient des droits de prise sur le poisson de mer, avant que ce poisson fût arrivé aux Halles. Ce fut en vain que les privilégiés, invoquant l'usage établi depuis des siècles,

1. *Paris, Mich. Brunet*, 1722-38, 4 vol. in-fol, t. III, p. 215.

essayèrent de se mettre d'accord avec les marchands, qui leur vendaient le poisson, à l'amiable, sur les routes et en pleine rivière. Il fut décidé, par plusieurs arrêts, que tout marché de ce genre était illégal et abusif, attendu que le poisson de mer, venant à Paris par eau ou par terre, ne pouvait être mis en vente et acheté qu'après son entrée aux Halles.

Ce fut dans un de ces procès que figura Martin Double; il était certainement un des privilégiés qui prétendaient avoir droit de *prise*, en payant, sur le poisson de mer qui passait dans leurs terres ou dans leurs eaux. Martin Double avait acquis, de franc accord, les barils d'anchois que Godefroi Lallemant disait lui avoir envoyés à Paris, par eau; mais, comme la somme de 25 deniers d'or à l'écu, qu'il devait à ce marchand, fut saisie entre ses mains, au nom du prévôt de Paris, on peut assurer que les barils d'anchois qu'il avait à payer au marchand commissionnaire, provenaient d'une *prise* exercée, en vertu d'un droit féodal de riverain, sur des bateaux remontant la Seine, de Rouen à Paris.

Presque tout le poisson de mer, frais ou salé, venait des rivages de l'Océan, à cette époque, et passait inévitablement par Saint-Denis, pour aller à Paris. Nous voyons, dans un arrêt du Parlement, recueilli par Jean Lecoq, dit Galli, avocat et jurisconsulte contemporain de Martin Double, que les privilégiés qui conservèrent le plus longtemps le droit de prise sur la marée venant à Paris, étaient : 1° le seigneur de Daumont *en chars;* 2° le seigneur de Montmorency ; 3° les religieux de Sainte-Geneviève; 4° les maîtres de l'Hôtel-Dieu, de Paris; 5° l'évêque de Paris; 6° les six pairs de Chaumont, et 7° le seigneur de Clerefontaine [1]. Mais il y avait un grand nombre d'autres personnes, maîtres d'hôtel du

1. *Quæstiones Joannis Galli;* dans les œuvres de Ch. Dumoulin. *Paris*, *J.-B. Coignard*, 1681, 5 vol. in-fol., t. II, p. 650

roi, possesseurs de fiefs, notables bourgeois, etc., qui prétendaient aussi au droit de prise, et qui l'exerçaient avec plus ou moins de modération et d'équité. On ne saurait donc trop insister sur la quantité considérable d'anchois salés, que maître Martin Double avait retenue, pour l'usage de son *hôtel* et de ses domestiques, sans doute avec le consentement du marchand et à prix débattu, quand un procès, jugé en Parlement, dans l'année 1391, nous apprend que le seigneur de Montmorency, qui maintenait son droit de prise en sa qualité de premier baron de France, se contentait de retenir, en le payant au taux de la livre parisis et non de la livre tournois, un panier de poisson de mer, sur chaque convoi de marée fraîche ou salée passant par Saint-Brice où il avait droit de justice haute et basse [1].

Depuis 1379, jusqu'au commencement de l'année 1383, nous ne rencontrons nulle part le nom de Martin Double, mais un document inédit, d'une date bien postérieure, document que nous citerons plus tard à son ordre chronologique [2], nous révèle l'énergie et la fermeté du caractère de ce magistrat, et nous devons en conclure qu'il a eu sa place marquée, dans tous les événements politiques auxquels son ami Jean Des Mares prit une part active, avec autant de courage que de loyauté et de patriotisme. De plus, il est certain que Martin Double continua de remplir les devoirs de sa profession, au Châtelet et au Parlement. Il ne s'était pas seulement fait connaître par son habileté et son éloquence, comme avocat; il avait dès lors acquis la renommée de savant jurisconsulte, surtout dans le Droit coutumier.

Nous ne possédons aucun ouvrage de lui, mais on ne peut

1. Il faut lire ce curieux procès, que gagna le seigneur de Montmorency, dans les *Quæstiones* de Jean Lecoq. (Voy. les œuvres de Dumoulin, t. II, p. 596 et suiv.) Le chemin de la Marée, venant de Dieppe, subsiste encore à Saint-Brice.

2. Voy. ci-après, p. 50 de cette Notice.

douter qu'il n'ait laissé, sur l'ancienne jurisprudence française, des commentaires qui eussent mérité d'être publiés, comme la *Somme rurale* de son contemporain Jean Boutillier. Antoine Loisel, qui avait déjà cité, dans ses *Institutes coutumières* (liv. Ier, titre 43), l'opinion de Martin Double sur un point délicat du Droit coutumier, reproduit, à peu près dans les mêmes termes, cette citation, au *Dialogue des Avocats*[1] : « Ce M. Martin Doublé, dit-il, est allégué par nos Coutumiers, pour aucteur d'une maxime en faict de bastardise, sçavoir est : que les bastards ne peuvent recevoir legs de leur père, ce que l'on doit entendre des legs excédant leur nourriture. » Nous pensons qu'on découvrira, un jour ou l'autre, dans l'immense dédale des Registres du Parlement et du Châtelet, des témoignages plus explicites qui constateront, durant une période de plus de trente ans, ses travaux non interrompus de jurisconsulte et d'avocat.

Nous voulons le voir agir maintenant, comme bourgeois de Paris, et sans doute aussi comme orateur populaire, dans les troubles qui agitèrent la capitale, dès l'avénement de Charles VI. Ces troubles n'eurent pas d'autre principe que l'énormité des impôts qui frappèrent successivement toutes les denrées de première nécessité et qui ne tardèrent pas à devenir des taxes personnelles établies proportionnellement selon le revenu de chacun. On comprend que le *commun*, les marchands, et les bourgeois de Paris furent intéressés également à résister à cet intolérable système d'exaction ; les bourgeois, en leur qualité de nobles, se croyaient exempts de la taille ; les marchands voyaient dans ces impositions immodérées la ruine de leur commerce, et le bas peuple ne pouvait plus vivre, car tout se vendait, aux

1. Divers Opuscules, tirez des Mémoires de M. Antoine Loisel. *Paris*, *veuve Guillemot*, 1652, in-4. p. 486.

Halles, à des prix excessifs, en raison des aides ou subsides qui s'aggravaient tous les jours, sans mesure et sans raison.

Ce n'était pas le roi, âgé de douze ans à peine, c'étaient ses oncles, les frères de Charles V, qui levaient ces subsides, pour subvenir aux dépenses de leurs propres maisons et pour payer les gens de guerre qu'ils avaient à leur solde. Aussitôt après les funérailles du défunt roi (octobre 1380), le Conseil de régence s'était réuni au Palais, et les oncles de Charles VI, les ducs d'Anjou, de Berry et de Bourgogne, avaient failli en venir aux mains, pour savoir lequel d'entre eux serait régent de France pendant la minorité de leur neveu. L'avocat général Jean Des Mares, « bien clerc notable et de grande prudence, » prit alors la parole et insista pour que le sacre du roi eût lieu sur le champ : « Quand le roy seroit sacré, disait-il, toutes telles divisions cesseroient, et le gouvernement se prendroit en son nom. » L'avis de Jean Des Mares prévalut, et Juvenel des Ursins ajoute, dans sa Chronique : « Outre ce, plusieurs autres gens de bien dirent et prononcèrent sur cette matière leur sentence et imagination, en la manière qui s'ensuit, c'est à sçavoir que la loy des prédécesseurs roys de France ne pouvoit pas tellement arrester ou retarder la lignée royale, qu'ils ne peussent anticiper le terme préfix de leur sacre [1]. »

Nous aimons à croire que maître Martin Double était un de ces gens de bien, qui parlèrent après Jean Des Mares, et qui certainement se déclarèrent pour le roi et la royauté, contre les princes qui se disputaient le pouvoir et voulaient, suivant l'expression pittoresque d'un poëte du temps, *manger le pauvre peuple.*

Le jeune roi ayant été sacré à Reims, le dimanche avant

1. Histoire de Charles VI, roy de France, par Jean Juvenel des Ursins, archevesque de Reims, publiée par Denys Godefroy. *Paris, impr. royale,* 1653, in-fol., p. 3.

la Toussaint, ses oncles le ramenèrent aussitôt à Paris, où il fut reçu, avec des transports de joie, par la population, à laquelle on avait promis que « toutes impositions, aydes, gabelles, fouages, subsides et autres choses mal prises, dont le royaume estoit moult blessé, seroient abbatues et ôtées[1]. » Mais, les fêtes passées, on continua de prélever les impôts comme auparavant. Voici le peuple qui va commencer à se remuer, et la Bourgeoisie prendra la direction de cette force aveugle et brutale. Le prévôt des marchands convoque l'assemblée des notables, dans la grand'salle du ***Parloir aux Bourgeois***, près le Grand-Châtelet. La séance est des plus orageuses : les discours de quelques orateurs (et l'on peut affirmer que les avocats ne restèrent pas muets en pareille circonstance), ces discours empreints d'une haine profonde contre les ***seigneurs*** et les gens de cour, exaltent les passions de l'assemblée ; trois cents des assistants mettent la dague au poing et forcent le prévôt des marchands de les conduire au Palais, pour sommer le duc d'Anjou de tenir les promesses du roi et d'abolir les impôts. Il y eut encore là de beaux discours, auxquels répondit, du haut de la Table de marbre, le chancelier Miles de Dormans. Il fallut pourtant céder à la pression de la Bourgeoisie, et le lendemain, 15 novembre, le chancelier annonçait l'abolition des subsides, des droits d'entrée et de sortie sur les marchandises, et de tous les autres droits qui pesaient sur le commerce de Paris.

Martin Double était là sans doute, puisque son ami Jean Des Mares s'y trouvait, chargé, par le Conseil de régence, « de parler au peuple et de leur dire qu'ils s'appaisassent, et que le roy avoit mis et mettoit au néant les aydes, sans qu'elles eussent plus de cours : ce qu'il fit et print son

1. Cérémonial françois, par Théodore Godefroy. *Paris, Cramoisy*, 1649, in-fol., t. Ier, p. 157.

thème : *novus rex, nova lex, novum gaudium*, et le déduisit bien et grandement; aussi en estoit-il bien aisé[1]. »

Les bourgeois, pour apaiser le peuple et le faire rentrer dans l'ordre, s'étaient engagés solennellement à ne jamais souffrir que les aides fussent rétablies, et pendant plusieurs mois, en effet, le duc d'Anjou, qui était régent, n'osa pas exiger de la capitale les impôts qu'il faisait lever de vive force dans toutes les bonnes villes de France, malgré les murmures et les malédictions des sujets du roi. Le bruit se répandit tout à coup, au mois de février 1382, que les impôts allaient être *mis sus* à Paris. Ce fut une indignation générale dans la ville, et les bourgeois, déterminés à s'opposer par la force aux tyrannies du fisc, « conclurent qu'ils garderoient les libertés du peuple jusqu'à l'exposition de leurs biens, prindrent armeures et habillemens de guerre, firent dixeniers, cinquanteniers, quarteniers, mirent chaisnes par la ville, firent faire guet et garde aux portes. » Cependant, « messire Pierre de Villiers et messire Jean Des Mares, qui estoient en la grâce du peuple, comme on disoit, en faisoient grandement leur devoir de leur monstrer les grands dangers et périls qui leur en pourroient advenir et de encourir l'indignation et malveillance du roy[2]. »

En ce moment, le populaire était encore sans armes et il se reposait sur la protection des bourgeois qui se faisaient forts de combattre, au besoin, les gens d'armes du roi et des princes. « Et estoient, en la cité de Paris, dit Froissart[3], de riches et puissants hommes armés de pied en cap la somme de trente mille hommes, aussi bien arrés (équipés) et appareillés de toutes pièces, comme nul chevalier pour-

1. Chronique de Jean Juvenel des Ursins, édit. de Denys Godefroy, in-fol., p. 7.
2. *Ibid.*, p. 17.
3. Édit. de Buchon. *Paris, Verdière,* 1824, 15 vol. in-8, t. VIII, p. 182.

roit être; et avoient leurs varlets et leurs maisnies (compagnies), armés à l'avenant. Et avoient et portoient maillets de fer et d'acier, périlleux bâtons pour effondrer heaulmes et bassinets; et disoient, en Paris, quand ils se nombroient, que ils étoient bien gens et se trouvoient par paroisses, tant que pour combattre de eux-mêmes sans autre aide le plus grand seigneur du monde. »

Sur ces entrefaites, le régent fait crier, au Châtelet, que la ferme de l'imposition est remise en vigueur, à partir du 1er mars; les receveurs ont l'audace de se présenter aux Halles; l'un d'eux réclame durement l'impôt à une vieille femme qui vendait du cresson. Aussitôt la populace se soulève, en criant : *Aux armes pour la liberté!* On poursuit, on déchire en lambeaux les malheureux percepteurs des aides. La foule, sans armes, se répand dans les rues, y commet mille désordres, se dirige en tumulte vers l'Hôtel de ville, enfonce les portes et s'empare des maillets de plomb et des *bâtons de guerre*, qui s'y trouvaient déposés depuis la prévôté de Marcel. Une fois le menu peuple armé, il s'abandonne à toutes les violences; il s'en va d'abord assiéger l'abbaye de Saint-Germain des Prés, qu'il pille et qu'il saccage; puis, il vient fondre sur le Châtelet, où il pénètre en masse, sans rencontrer de résistance : il ouvre les prisons et délivre les prisonniers. L'éloquence de Jean des Mares et celle de ses amis empêchèrent, par bonheur, ces hommes ivres et affolés plutôt que furieux, de se porter à de plus grands excès. Ce fut là ce qu'on appela la révolte des *Maillotins*[1].

1. Eustache Deschamps, dans une ballade, fait un terrible tableau de cette révolte des Maillotins. Il y eut à Paris une panique générale, motivée par les excès de ces *paillards et coquins,* comme le poëte les appelle :

Les Chastellet dépouillerent adonc
Des prisonniers; lors me dist un coquars :
Fuiez, fuiez, pour les maillés de plonc.

Le lendemain, les bourgeois étaient sur pied, « avec toute leur chevalerie ; » ils tinrent en respect les gens du peuple, mais ils ne les désarmèrent pas. C'était assez de les contraindre à demeurer tranquilles, en leur promettant que le roi ferait droit à leurs justes plaintes à l'égard des impositions. Charles VI était alors au château de Vincennes, avec son Conseil, et *moult déplaisant* de ce qui s'était passé à Paris, il délibérait « d'en faire une bien cruelle punition. » Pendant la nuit, les officiers et conseillers du roi et l'évêque de Paris avaient quitté la ville, à la hâte et en secret, emportant ce qu'ils purent de leurs biens meubles[1]. L'avocat général Jean Des Mares était resté à son poste, avec ses amis. On peut être sûr que Martin Double se trouvait du nombre de ces courageux citoyens ; on peut être sûr, aussi, que, résolu, ardent, énergique comme il l'était, il avait essayé de s'opposer à l'envahissement du Châtelet par le peuple.

Une députation fut envoyée au roi, par les bourgeois de Paris, « et aussi fit l'Université. » Ces « notables clercs et docteurs monstrèrent bien grandement comme les plus grands de la ville et principaux en estoient courroucez et desplaisans, et que ce qui avoit esté fait, estoit par meschans gens et de bas estat, en implorant sa miséricorde. » Charles VI, très-irrité contre les Parisiens rebelles, ne voulait d'abord rien entendre, mais enfin il céda aux prières des ambassadeurs de la Bourgeoisie et de l'Université. Il « fut content que le peuple jouist de ses immunitez et fran-

1. Là veissiez les gens du Roy espars,
Qui fuioient au travers et au lonc,
Pour yssir hors. Lors crioient les gars :
Fuiez, fuiez pour les maillés de plonc.
Prélat, noble conseil, pour les mustins,
Laissent Paris, fuient comme renars :
L'un par Saine, l'autre à autres chemins...

(Œuvres inédites d'Eustache Deschamps, publ. par Tarbé. *Reims*, 1849, in-8, t. I, p. 57.)

chises et leur pardonna tout ce qui avoit esté fait, » en n'exceptant de cette amnistie générale que les malfaiteurs qui avaient « rompu le Chastelet. » Les ambassadeurs revinrent à Paris, enchantés du résultat de leur mission. L'avocat général Des Mares, qui avait la goutte, se fit mettre dans une litière et promener par les carrefours, afin d'annoncer lui-même au peuple la clémence du roi. Mais le peuple savait déjà quel était le pardon qu'on lui accordait, car le prévôt de Paris avait fait arrêter, le jour même, une quantité d'individus, qu'on pendait et qu'on noyait, sans jugement.

Jean Des Mares et ses amis adressèrent des plaintes au roi, et les exécutions cessèrent, sinon les arrestations. Le menu peuple était toujours sur le point de se soulever de nouveau, car il avait des armes et il sentait sa force. Les *gros* bourgeois, qui seuls maintenaient l'ordre, en restant armés et en usant de douceur autant que de sévérité, eurent bien de la peine à empêcher les Maillotins de mettre la ville à feu et à sang. Cependant les oncles du roi ne désespéraient pas de faire rétablir les aides, quoique les Parisiens fussent déterminés à ne pas les souffrir. A la mi-avril, convocation des notables des villes, à Compiègne, où s'assemblaient les trois États du royaume. La Bourgeoisie de Paris eut là ses représentants, et parmi eux, nous sommes disposé à y voir non-seulement l'avocat général Jean Des Mares, mais encore ses amis et ses auxiliaires Guillaume de Sens, Jean Filleul, Jacques Du Chastel et Martin Double, avocats au Châtelet ou en Parlement, qui avaient alors tant d'influence sur la population parisienne[1].

La réunion des trois États n'avait pas d'autre but que d'obtenir la perception des aides, à Paris et dans les

1. Le Religieux de Saint-Denis dit expressément, en parlant de ces personnages : *Summa auctoritate pollebant.* Voy. l'édit. de M. Bellaguet, tome Ier.

bonnes villes de France. Messire Arnaud de Corbie, premier président au Parlement de Paris, était chargé d'exposer « les grandes affaires du roi » et de remontrer aux députés des bonnes villes, que, « sans les aides, le royaume iroit à perdition. » Les députés promirent ce qu'on leur demandait, au nom du roi, mais ils ne dissimulèrent pas que leurs concitoyens ne consentiraient jamais au rétablissement des aides. Les habitants de Paris, en effet, donnèrent un démenti aux promesses de leurs députés : ils se rassemblèrent en tumulte, plus exaspérés que jamais, et ils jurèrent entre eux de courir aux armes, si le roi voulait les forcer à ouvrir leurs portes pour leur ramener le règne des impôts. Charles VI exigeait, pour rentrer *joyeusement* à Paris, que chacun déposât ses *armures et harnois*, que les chaînes des rues fussent ôtées, et que la capitale cessât de se tenir en état de défense. Là-dessus, nouvelles députations, nouvelles conférences à Melun et à Saint-Denis, « où il y avoit plusieurs conseillers du roi, et de ceux de Paris y eut ordonnez aucuns qui y allèrent, et à la fin y alla messire Jean Des Mares. » Maître Martin Double fut très-probablement un des négociateurs.

Enfin, on en vint à une convention, qu'on appela le traité de Paris. Le roi n'insista pas davantage pour que les Parisiens désarmassent, mais il fut arrêté que ceux-ci « lui feroient cent mille francs; » moyennant quoi le roi viendrait à Paris, sans sa chevalerie, et pardonnerait tout. On chanta un *Te Deum* à Notre-Dame, « et ceux de Paris furent bien joyeux, et y vint le roy, et à grande joye fut receu. Mais à payer l'argent des cent mille francs, de rechef y eut aucunes difficultés et contradictions, pource que les habitans vouloient que les gens d'Eglise y contribuassent[1]. »

1. Chronique de Jean Juvenel des Ursins, édit. de Denys Godefroy, p. 21.

Tout s'arrangea pourtant : les gens d'Église ne payèrent rien, mais les *gros* bourgeois et les marchands se cotisèrent pour parfaire la somme. Si l'on retrouve, un jour, le compte de la *cueillette* de ces cent mille francs, on y verra que Martin Double fut un des plus imposés, puisqu'il était un des plus riches de la ville.

Charles VI et ses oncles n'avaient pas cependant pardonné aux Parisiens, ni surtout aux *gros* bourgeois, qu'ils regardaient comme les chefs de la rébellion. La capitale, à vrai dire, n'appartenait plus au gouvernement du roi, qui n'y prélevait aucun impôt et qui n'y exerçait, de fait, aucune autorité. Le peuple n'obéissait qu'à ses magistrats, c'est-à-dire au prévôt des marchands et aux échevins, qui étaient eux-mêmes dominés par la haute Bourgeoisie. On apprit avec inquiétude, que les seigneurs de France avaient été mandés, avec leurs gendarmes et leurs milices, pour aller à la guerre avec le roi. Les Parisiens pensèrent d'abord qu'on préparait contre eux une expédition; mais, lorsque, suivant l'antique coutume, Charles VI vint en personne chercher l'oriflamme à l'abbaye de Saint-Denis, on sut que l'armée royale était déjà en marche vers Arras et les frontières de Picardie, pour faire rentrer dans le devoir les Gantois, qui s'étaient révoltés contre le comte de Flandre, à l'instigation d'un brasseur de Gand, nommé Artevelde.

« Le peuple de Paris toujours fort grommeloit, dit Juvenel des Ursins, et fut assemblé, et, en leur présence, le duc de Bourgogne fit une proposition bien notable, en exhortant le peuple à pacification et à obéir au roy, leur souverain seigneur. » La capitale était tranquille, malgré ces assemblées populaires que les *gros* bourgeois dirigeaient à leur gré, et le pouvoir municipal tendait de plus en plus à remplacer le pouvoir royal, qui n'existait que de nom dans la ville. Toutes les sympathies des Parisiens avaient donc éclaté en faveur des Gantois, et il existait, dit-on, un pacte secret, une sorte de ligue politique, entre les chefs populaires de Paris et ceux de Gand. Ce fut donc avec stupeur, avec désespoir, qu'on reçut à Paris la nouvelle de la bataille de Roosebecke, dans laquelle le roi de France avait battu les Flamands et porté un coup mortel à la révolte des Gantois. « Que diront maintenant ceux de Paris? s'écrie Froissart après le récit de la victoire du roi. Que diront-ils, quand ils sauront les nouvelles que les Flamands sont déconfits à Roosebecke et que Philippe d'Artevelde est mort? Ils n'en seront pas bien joyeux, eux, ni maintes autres bonnes villes! »

La campagne de Flandre était finie: Charles VI congédia la plus grande partie de son armée et retourna dans son royaume, avec sa chevalerie, c'est-à-dire les princes et les seigneurs ou notables barons. A son approche, les Parisiens commencèrent à s'inquiéter du traitement qui leur serait réservé, car ils n'ignoraient pas quel était, à leur égard, le ressentiment du roi. On ne pouvait douter que le roi et ses oncles n'eussent l'intention de faire leur entrée à Paris, de gré ou de force, en grand *arroi;* leurs maréchaux des logis étant déjà venus, en ville, pour « appareiller leurs hôtels. » Il y eut, à ce sujet, des rassemblements de *populaire*, aux Halles, et des réunions de notables, à la maison du *Parloir aux Bourgeois.* « Adonc s'avisèrent les Parisiens, raconte Froissart, que ils s'armeroient et monstreroient au roy, à l'entrer à Paris, quelle puissance il y avoit en ce jour à Paris, et de quelle quantité de gens, armés de pied en cap, le roy, se il le vouloit, pourroit estre servy. »

Le roi, qui venait de rapporter l'oriflamme à l'abbaye de Saint-Denis, où il logea plusieurs jours, fut très-irrité d'apprendre que les Parisiens avaient résolu de venir au-devant de lui *à main armée*, et il annonça (10 janvier 1383) qu'il entrerait, le lendemain, à Paris, pour « abattre l'orgueil » des Parisiens.

« Et vint le prévost des marchands, qui lors estoit vers le roy, et luy dit que toutes les choses estoient appaisées et qu'il pouvoit entrer à tout son plaisir et volonté en la ville, et le pria très-humblement qu'il eust pitié du peuple et leur voulust pardonner et remettre l'offense qu'ils avoient faite. Et dient aucuns, que de ce que le prévost des marchands avoit dit au roy, le peuple n'en sçavoit rien. Toutesfois, il s'offroit, et plusieurs notables de la ville, de le faire entrer à ses plaisir et volonté[1]. »

Le lendemain, 11 janvier, au point du jour, « s'armèrent et jolièrent (s'accoutrèrent) plus de vingt mille Parisiens et se mirent hors sur les champs, et s'ordonnèrent en une belle bataille (en bel ordre de bataille), entre Saint-Ladre et Paris, au côté devers Montmartre, et avoient arbalétriers et leurs paveschieurs (porteurs de pavois, grands boucliers pour garantir les archers) et leurs maillets tous appareillés, et étoient ordonnés ainsi que pour tantôt combattre et entrer en bataille[2]. » C'était l'armée de Paris, la milice bourgeoise, composée des gens de métier et des petites gens, sous le commandement de leurs capitaines, *cinquanteniers* et *dizeniers*. Ceux-ci, élus entre les *gros* bourgeois et les riches marchands, portaient des armures dorées et des éperons dorés, insignes de la noblesse, et ils avaient avec eux, comme les chevaliers ou hommes d'armes, trois ou quatre servants ou écuyers, dont l'un déployait au bout d'une lance le pennon armorié de leur seigneur et maître[3].

1. Chronique de Jean Juvenel des Ursins, édit. de Denys Godefroy, in-fol., p. 33.
2. Chroniques de Jean Froissart, publ. par. J.-A. Buchon. *Paris, Verdière*, 1824, in-8, t. VIII, p. 376.
3. C'est ainsi qu'ils sont représentés dans les miniatures de plusieurs beaux manuscrits des Chroniques de Froissart.

Nous n'avancerons rien de trop, en disant que maître Martin Double était un de ces quarteniers ou dizeniers, élus parmi les notables qui n'avaient pas abandonné Paris, depuis l'organisation de la Commune et de la milice parisienne.

Le roi, ses oncles et ses barons furent transportés de colère, quand on leur annonça que les Parisiens avaient pris les armes et étaient descendus dans la plaine, entre Montmartre et Saint-Denis. Ils présentaient une masse assez imposante, pour qu'on évitât, s'il était possible, d'en venir aux mains avec eux. Plusieurs grands personnages de l'armée royale, le connétable de France, le sire d'Albret, le sire de Coucy, messire Guy de la Trémoille, et Jean de Vienne, s'offrirent d'eux-mêmes, pour aller reconnaître les forces de l'ennemi et savoir ses intentions : ils quittèrent leurs armures, « pour leur besogne mieux colorer et aussi mettre au plus sûr, » et s'en allèrent, avec deux ou trois hérauts d'armes, à la rencontre des Parisiens : « et là y avoit plus de vingt mille maillets, les aucuns fourchus (c'étaient les Maillotins, tous appartenant au menu peuple), sans les arbalétriers et hommes d'armes, dont ils étoient grand foison et bien en nombre, soixante mille et plus. » Les hérauts avaient revêtu leurs cottes d'armes fleurdelysées, et les barons entrèrent alors en pourparler avec les chefs de cette armée populaire et bourgeoise. « Et vous, gens de Paris ! leur dit à voix haute le sire de Clisson, connétable de France ; qui vous meut maintenant à être vidés hors de Paris en telle ordonnance ? Il semble, à vous voir rangés et ordonnés, que vous veuilliez combattre le roi, qui est votre seigneur et vous ses subgiets. — Monseigneur, répondirent-ils, sauve

1. Histoire de Charles VI, escrite par les ordres et sur les Mémoires de Guy de Monceaux et Philippe de Villette, abbé de Saint-Denis, par un auteur contemporain, trad. par J. Le Laboureur. *Paris, L. Billaine*, 1663, 2 vol. in-fol., t. Ier.

soit votre grâce; nous n'en avons nulle volonté, ni oncques n'eûmes, mais nous sommes issus ainsi, puisqu'il le vous plaît à savoir, pour remonstrer à notre sire le roi la puissance des Parisiens : car il est jeune; si ne la vit oncques, ni il ne peut savoir, si il ne la voit, comment il en seroit servi, s'il besognoit. — Or, messeigneurs, reprit le connétable, vous parlez bien, ce m'est avis, mais nous vous disons, de par le roi, que tant que pour cette fois il n'en veut point voir, et ce que vous en avez fait, il lui suffit. Si retournez en Paris paisiblement, et chacun en son hôtel, et mettez les armes jus (bas), si vous voulez que le roi y descende. — Monseigneur, répondirent-ils, nous le ferons volontiers, à votre commandement[1]. »

Les pauvres Parisiens se pressèrent un peu trop d'obtempérer aux injonctions du connétable de France : ils rentrèrent chez eux, sans murmurer, déposèrent leurs armes en silence, et se tinrent prêts à faire au roi une joyeuse entrée. Cependant, les troupes royales s'avançaient sur Paris; tous les hommes d'armes marchaient à pied, divisés en trois *batailles*, dont la première était commandée par le connétable et le maréchal de Sancerre. Dans la seconde bataille chevauchaient le roi et ses oncles, les seuls qui fussent à cheval. Le reste de l'armée, c'est-à-dire les gens de pied, avait été distribué autour de la ville, qui se trouvait ainsi cernée de tous côtés. Le prévôt des marchands, messire Jehan de Fleury, à la tête des échevins et des corps de la ville, tous vêtus de leurs livrées et parés de leurs insignes, attendait hors de la porte Saint-Denis l'arrivée du roi, pour le recevoir avec les honneurs accoutumés; une foule de notables et de bourgeois avaient voulu se joindre aux magistrats municipaux. L'avocat général Jean Des Mares, et ses

1. Chroniques de Jean Froissart, édit. de J.-A. Buchon, t. VIII, p. 380.

fidèles assesseurs Guillaume de Sens, Jean Filleul, Jean Du Chastel et Martin Double étaient du nombre. Mais le roi refusa de les entendre et passa outre. Il se rendit à Notre-Dame, où il fit sa prière et présenta son offrande. Puis, remontant à cheval, ainsi que ses oncles, il alla descendre au Louvre, où il devait résider.

Pendant ce temps-là, le maréchal de Sancerre faisait briser les portes et les barrières des principales entrées de la ville, que les gens du roi occupaient militairement; des postes étaient établis dans les carrefours et sur les places; les hommes d'armes prenaient domicile à leur convenance dans les maisons. Les habitants restaient cachés, sans oser ouvrir une fenêtre ni regarder dans la rue; ils furent un peu rassurés, lorsqu'ils entendirent crier, au nom du roi, que tout acte de violence ou de pillage serait puni de mort, et, en effet, on pendit sur-le-champ deux ou trois voleurs. Mais c'était en ce moment même, que s'exécutaient les vengeances du roi contre les prétendus auteurs des troubles et des mutineries, qui avaient soustrait à son autorité la capitale depuis deux ans.

« Lorsque le vol eut été défendu sous peine de mort, dit le Religieux de Saint-Denis, les ducs, suivant ce qui avait été convenu entre eux, envoyèrent leurs gens par toute la ville pour arrêter trois cents des plus riches bourgeois, dont les principaux étaient messire Guillaume de Sens, maîtres Jean Filleul, Jacques Du Chastel, Martin Double, avocats au Parlement et au Châtelet du roi, Jean Flamand et Jean de Vaudetar. On les enferma tous en diverses prisons[1]. »

1. Traduction de M. Bellaguet, dans la collection des Documents inédits, t. Ier, p. 237. Voici le texte original de ce passage : « Sic sub pœna capitali vetito latrocinio, mox, ut condictum fuerat inter duces, satellites per civitatem diriguntur qui trecentos ex ditioribus ceperunt, inter quos summa auctoritate pollebant dominus Guillermus Sennonensis, Magistri Johannes Filleul, Jacobus de Castro, Martinus Dupli-

C'est ici que les historiens du temps, comme les historiens modernes, nous laissent dans le doute sur le sort de ces trois cents bourgeois, parmi lesquels Martin Double n'était pas le moins compromis, à cause de ses grandes richesses.

Les *Chroniques de Saint-Denis*, qui ne font qu'abréger le récit très-circonstancié du Religieux de Saint-Denis, ne sont pas plus explicites, au sujet de ces malheureuses victimes des rancunes, des colères et de la cupidité du parti royal. Voici comment elles racontent les arrestations, sans dire ce que devinrent les trois cents prisonniers :

« Les ducs de Berry et de Bourgogne chevauchèrent par la ville, bien accompaignez, et y eut des habitans de la ville bien trois cens de pris, et entre les autres, messire Guillaume de Sens, maistre Jean Filleul, maistre Martin Double et plusieurs autres, jusques audit nombre, et n'y avoit celui à Paris qui n'eust paour et doubte [1]. »

Jean Juvenel des Ursins, qui fut témoin de ces douloureux événements, répète à peu près, dans les mêmes termes, la narration du Religieux de Saint-Denis; mais il y ajoute quelques mots qui sembleraient indiquer que les trois cents notables, détenus dans différentes prisons, n'en sortirent, la plupart, que pour monter sur l'échafaud : « Les ducs de Berry et de Bourgogne chevauchèrent par la ville, bien accompagnez. Et y eut des habitans de la ville bien trois cens de pris. Et, entre autres, messire Guillaume de Sens, maistre Jean Filleul, maistre Martin Double, et plusieurs autres jusques audit nombre. Et n'y avoit celuy à

cis, in Parlamento et Castello regio advocati; Johannes Flammingi, Johannes Nobilis, et Johannes de Vandetar, quos omnes variis ergastulis incluserunt. »

1. Chroniques de Saint-Denis. *Paris, Ant. Verard*, 1493, in-fol., t. III, fol. 65. Ces Chroniques, dont on attribue la rédaction pour cette époque à Jean Chartier, ne sont qu'un abrégé de la grande Chronique du Religieux de Saint-Denis, que Le Laboureur appelle Jean Gentien.

Paris qui n'eust grand doubte et peur. Et y en eust de décapitez aux Halles, qui estoient des principaux de la commotion [1]. »

Tous les historiens sont bien d'accord pour nommer ou désigner deux de ces décapités, un orfévre et un drapier, Nicolas Flameng, qui avait été mêlé à toutes les émeutes de Paris depuis le règne du roi Jean; mais Robert Gaguin paraît être le premier qui ait compris nominativement Guillaume de Sens, Jean Filleul et Martin Double, dans une exécution sommaire et générale des trois cents bourgeois prisonniers. Citons d'abord le texte latin de Robert Gaguin, qui puisait les meilleurs documents de son livre dans les archives de l'Université de Paris :

« Incesserunt eo die per urbem Biturigum et Burgundiæ duces, magna armatorum manu vallati, et seditionis insigniores auctores trecentum in vincula primum conjectos paulo carnifex capite mulctavit, inter quos fuerunt Guillermus Senonensis, Joannes Filliolus et Martinus Doublus, et, paucis interjectis diebus, Nicolaus Flamingus, supplicio eorum expleto... [2] »

Mentionnons, en passant, une traduction des *Annales de France*, de Robert Gaguin, dans laquelle le translateur, Pierre Desrey, de Troyes, a fait de Jean Filleul (*Filliolus*) un *petit-fils* de Martin Double! C'est un exemple bizarre des erreurs qui se glissent dans l'histoire, et qui souvent y prennent racine, sans qu'on songe à les détruire.

« Ce jour, les ducz de Berry et Bourgogne cheminèrent parmy la ville, equippez de grosse puissance de gens en armes, qui prindrent trois cens des principaulx coulpables de la mutinerie dessusdicte et les mirent en prison, et peu

1. Édit. de Denys Godefroy, in-fol., p. 33.
2. Gaguini Annales Francorum. *Parisiis, impensis Durandi Gerlerii, And. Bocard,* 1497, pet. in-fol., fol. 66 v°.

après, furent tous décapitez, entre lesquels estoient Guillaume de Sens, Jehan, petit-fils de Martin Double, et tantôt après Nicolas le Flagment[1]. »

Après Gaguin, la plupart des historiens répètèrent avec confiance, sur son autorité, le fait de l'exécution des trois cents bourgeois; mais tous ne nommèrent pas Guillaume de Sens, Jean Filleul et Martin Double. Nous ne citerons que Nicole Gilles, François de Belleforest, Scipion Dupleix et Eudes Mézeray, qui les aient nommés, parmi les victimes de cette prétendue exécution, en évitant, toutefois, de tomber dans la faute grossière du traducteur de Gaguin à l'égard de l'avocat Jean Filleul :

« Il y eut, dit Nicole Gilles, des habitans par trop chatouilleux, lesquels commençans noise furent pris et soudain pendus aux fenestres de leurs maisons. Et ne fut si tost ceste exécution faite, que les ducs de Berry et de Bourgoigne, oncles du roy, furent se promener par la ville et feirent saisir pour prisonniers jusques à trois cents citoyens soupçonnés d'avoir conspiré contre le prince, la pluspart desquels furent décapitez aux Halles, quoy qu'on ne fut longtemps à leur faire leur procez, ny les examiner sur ce de quoy ilz estoient chargés[2]. »

« Incontinent après ladite exécution, dit François de Belleforest (le seul historien qui raconte la punition de deux de la ville, qui avaient *dit du roy des paroles malsonnantes*), les ducs de Berry et de Bourgongne chevauchèrent par la ville et firent prendre plusieurs de ladite ville prisonniers, et entre autres, maistre Guillaume de Sens, maistre Jean Fil-

1. La Mer des Chroniques et Mirouer historial de France, jadis composé en latin par religieuse personne frère Robert Gaguin. *Paris, Jehan Longis,* 1536, in-fol., fol. 137 v°.

2. Les Chroniques et Annales de France, par Nicole Gilles, édition continuée par Fr. de Belleforest et G. Chappuis. *Paris, impr. de Léon Cavellat,* 1595, in-fol, f° 260.

leul, maistre Martin Doublet et plusieurs autres, jusques au nombre de trois cens, et n'y avoit celuy de ladite ville qui n'eust grand pœur, et emmena les aucuns des principaux aux Halles, et là furent décapitez, sans faire long procès [1]. »

« Les oncles du roy, dit Scipion Dupleix, firent arrester prisonniers trois cens des principaux mutins, et entre autres, Guillaume de Sens, Jean Filleul et Martin Doublet, qui furent tous décapitez publiquement aux Halles, sans forme de procès [2]. »

« Le roy, dit Mézeray, fit aussitôt prendre trois cens des plus mutins, lesquels furent tous décapitez aux Halles, sans en compter un grand nombre qui furent à diverses fois jettés dans la rivière, de nuit ou de jour : Doublet, Filleul, Martin le Flamand étoient des principaux et des plus riches, comme aussi des plus coupables [3]. »

On ne doit donc pas s'étonner que l'exécution de Martin Double et de ses trois cents compagnons d'infortune ait pris place dans l'histoire, comme un fait acquis et incontestable. Il y a peu d'historiens qui, à l'exemple de Lobineau et de Félibien dans leur grande *Histoire de la ville de Paris*, aient passé sur ce fait, sans le constater, mais aussi sans émettre un doute [4]. Il est inutile de dire que notre grand historien, M. Henri Martin, qui a toujours remonté aux sources les plus authentiques pour écrire son bel ouvrage, s'est borné à signaler l'arrestation des trois cents notables bourgeois de Paris.

1. Les grandes Annales et Histoire générallo de France, par F. de Belleforest. *Paris, G. Buon*, 1579, 2 vol. in-fol., t. II.

2. Histoire générale de France, par Scipion Dupleix. *Paris, Cl. Sonnias*, 1648, in-fol., t. III, p. 603.

3. Histoire de France, par Eudes de Mézeray. *Paris, Guillemot*, 1642-51, 3 vol. in-fol., t. 1er, p. 936.

4. Dulaure, dans son *Histoire de Paris*, parle de la révolte des Maillotins et de ses suites, sans nommer Martin Double ni aucun des autres bourgeois incarcérés par ordre du roi ou plutôt de ses oncles.

Mais continuons sommairement la déplorable histoire de la réaction royale à Paris, en janvier et février 1383. Donnons la parole à un historien anonyme, qui a remanié la Chronique de Froissart en l'abrégeant et en la corrigeant :

« Et puis, il (le roi) fist oster toutes les chayennes des rues de Paris et furent portées au Palais, dont les Parisiens furent à grant mesaise, et cuidèrent lors estre courus ou pilliés, mais non furent par la manière qu'ilz cuidoient; ains furent mandés ung à ung devers le Conseil du roy des plus riches de la ville, et furent composés les uns à VIII. M., les autres à VI. M., et les autres à III. M. Aux moyens et petis, l'on ne demandoit rien, et si furent tous joyeux de porter toutes leurs armeures et leurs maillés aux officiers du roy, et furent ces armeures et maillés mis au chastel de Beaulté, à la grant confusion de ceulx de Paris. Et puis le roy fist remettre les subsides et gabelles, aides et autres charges, à la grant charge du peuple. En la ville de Paris, oultre ce que dit est, furent prins et emprisonnez plusieurs notables hommes qui furent les plus inculpez d'auoir esmeu le commun, et furent un jour decapitez aux Halles XIIII, entre lesquelz fut un drapier, riche, nommé Nicolas le Flameng, pour lequel saulver ses amys eussent payé lx. m. francs, mais néanmoins il fut décapité[1]. »

La capitale était dans la consternation, et personne n'osait se plaindre ni murmurer. On instruisait secrètement le procès des plus coupables, et l'on s'attendait à voir d'un jour à l'autre se succéder les exécutions capitales. La vieille duchesse douairière d'Orléans, fille du roi Charles le Bel, vint exprès à Paris, pour implorer la miséricorde du roi et de ses oncles, en faveur des Parisiens; l'Université envoya

1. Fol. 122 des Chroniques extraites de Froissart, Bibl. de l'Arsenal, ms. in-fol. sur vélin, coté n° 145, H. F.

une députation à Sa Majesté et lui adressa de très-humbles remontrances. Plusieurs beaux discours furent prononcés par les plus fameux docteurs; le jeune roi écouta ces harangues et en parut touché. Le Religieux de Saint-Denis nous a conservé la réponse que le duc de Berry transmit de la part du roi aux délégués de l'Université; c'était la condamnation en masse de la Bourgeoisie parisienne :

« Puisque c'est une vertu royale de châtier les factieux et les perturbateurs du repos public, il est constant que l'émotion de Paris ayant éclaté si publiquement, tout ce qu'il y a de bourgeois y a eu part et que tous, par conséquent, sont passibles de mort et de confiscation de leurs biens. Mais le roi n'ignore pas qu'il n'y en ait quelques-uns qui n'ont point trempé dans tout ce qui s'est fait, et qui en ont été très-déplaisants, et c'est pour la considération de ceux-là, que le roi ne veut pas étendre sur le général l'offense de quelques mauvais particuliers, pour ne pas envelopper l'innocent avec le criminel, sa résolution étant de satisfaire plutôt à la justice qu'à son ressentiment et de faire un exemple de la punition des principaux auteurs des désordres passés[1]. »

On sut bientôt ce que ces paroles menaçantes promettaient au bourreau. Le 27 janvier, sortit du Châtelet une charrette portant treize ou quatorze « hommes de la ville de Paris, jugés à mort pour leurs faitures et pour émouvement du commun. » Parmi eux, sur un siége plus élevé que les autres, on remarquait Jean Des Mares, « qui, au dire de Froissart, étoit tenu et renommé sage homme et notable, et veulent bien dire les aucuns que on lui fit tort, car on l'avoit toujours vu homme de grand prudence et de bon conseil, et avoit toujours été l'un des greigneurs (plus grands) et

1. Traduction de J. Le Laboureur, édit. de 1663, in-fol., p. 68.

authentiques qui fut en Parlement sur tous les autres, et servi au roi Philippe, au roi Jean et au roi Charles, que onc il ne fut vu ni trouvé en nul forfait, fors adonc. » La condamnation de ce vénérable et illustre vieillard fut attribuée au ressentiment personnel du duc d'Anjou, qu'il avait d'abord trop bien servi. On l'accusait aussi d'avoir conseillé aux Parisiens de fortifier leur ville et de se mettre en état de défense. Il fut conduit aux Halles, avec « ceux qui devaient mourir en sa compagnie! »

« — Où sont ceux qui m'ont jugé? demandait-il. Qu'ils viennent avant et me montrent la cause et la raison pourquoi ils m'ont jugé à mort! »

Quand il fut arrivé au lieu de l'exécution, les treize condamnés qui l'accompagnaient furent décapités, avant lui, sur un échafaud dressé à cet effet au milieu des Halles. Alors on le fit mettre à genoux, les yeux bandés, et on lui dit de crier merci au roi. « J'ai servi bien et loyalement son bisaïeul Philippe, son aïeul Jean et son père Charles, dit-il d'une voix ferme et calme; je n'ai que faire de crier merci au roi, mais seulement à Dieu pour le prier bonnement qu'il me pardonne mes forfaits. » Ensuite, il se livra au bourreau et fut décollé, comme les autres. Tous les assistants pleuraient.

Plusieurs historiens ont supposé que Martin Double était un des treize qui partagèrent la condamnation et le supplice de Jean Des Mares.

Le jour même de cette terrible exécution, on criait dans les rues plusieurs édits du roi, qui supprimaient la prévôté des marchands, l'échevinage, le greffe de la Ville, les corps de métiers et confréries, et les compagnies de la garde urbaine. Ce jour-là, la Bourgeoisie fut dépouillée de tous les priviléges dont elle était si fière et qu'elle devait à la bienveillance spéciale de Charles V. En même temps, on rétablissait tous les impôts, et plus onéreux qu'auparavant, sur le sel, le vin, la farine et sur la plupart des marchandises qui se vendaient aux Halles. Mais il restait encore quelque chose à prendre dans la *chevance* (avoir) des bourgeois et des marchands.

Le 1er février, le peuple fut convoqué dans la cour du Palais. Une somptueuse estrade avait été élevée sur les degrés du grand escalier : le roi y siégea, entouré de ses oncles, de ses grands officiers. Les femmes des malheureux qui étaient encore dans les prisons, parurent, échevelées, vêtues d'habits de deuil, et vinrent se jeter aux genoux du roi, en le suppliant d'avoir pitié de leurs maris et de leurs familles. Alors le chancelier de France, Pierre d'Orgemont, prit la parole au nom du roi, et dans une longue harangue, il énuméra « les grands et merveilleux cas de crimes et délits perpetrés par le peuple de Paris depuis le temps du roi Jean : » il en conclut que « *presque tout Paris était digne de mort.* » A ces mots, le peuple, nu-tête, se prosterna, en criant miséricorde; les oncles et le jeune frère du roi se mirent aussi à genoux, en demandant la grâce des coupables. Charles VI eut l'air de céder à ces prières, et le chancelier annonça aussitôt, que la peine criminelle serait convertie en peine civile, c'est-à-dire que l'amnistie allait être tarifée pour chacun au prorata de sa fortune.

« Après cette assemblée finie, dit le Religieux de Saint-Denis, l'on relâcha tous les prisonniers, mais ce ne fut pas sans qu'il leur en coutât ce qui est le plus cher après la vie, car il fallut payer comptant une amende qui égaloit la valeur de tous leurs biens; encore leur disoit-on qu'ils devoient bien remercier le roi de ce qu'ils se rachetoient de choses si caduques. Semblable exaction fut faite sur tous les bourgeois, qui avaient été centeniers, soixanteniers, cinquanteniers ou dixainiers pendant la sédition, ou bien qu'on savoit être fort riches. On envoya chez eux des satellites (garnisaires) affamés, au nom du roi, qui emportoient tout pour la taxe, et comme elle étoit plus grande qu'ils ne le pouvoient porter, ils voyoient ravir tous leurs biens, sans oser se plaindre du malheur de se voir réduits dans les dernières misères de la pauvreté[1]. » Froissart estime que ces amendes arbitraires sur le revenu des bourgeois ne produisirent pas moins de 960,000 francs d'or, qui représentent plus de 200 millions de notre monnaie.

On devrait donc induire de cette monstrueuse spoliation exercée avec tant d'injustice et d'inhumanité sur la Bourgeoisie de Paris, que si maître Martin Double, plus heureux que son ami Jean Des Mares, avait échappé à la mort, il n'avait certainement pas échappé à la perte de sa fortune. Les historiens contemporains s'étaient bornés cependant à enregistrer son arrestation, sans nous dire ensuite ce qu'il était devenu, non plus que ses confrères Jean Filleul et Guillaume de Sens, arrêtés en même temps que lui. Antoine Loisel avait deviné instinctivement que ces trois avocats célèbres étaient parvenus à se soustraire aux fatales conséquences d'un procès criminel : « Quant à maîtres Jean Filleul et Martin Doublé, qui estoit aussi conseiller au Chastelet, dit-il dans son *Dialogue des Avocats*, ils coururent tous deux fortune au mesme temps de M. Jean Des Mares, ayant esté lors emprisonnez avec messire Guillaume de Sens, mais on ne les nomme pas entre ceux qui furent exécutez. » Eudes de Mézeray, qui avait fait, d'après Gaguin, décapiter Martin Double dans son *Histoire de France*, se rangea plus tard à l'avis d'Antoine Loisel, en écrivant cette note trou-

1. Traduction de J. Le Laboureur. La traduction du savant M. Bellaguet est beaucoup plus exacte et plus élégante, mais elle n'a pas ce cachet de naïveté, qui donne à l'ancienne traduction la physionomie d'une chronique écrite dans la langue du quatorzième siècle.

vée après sa mort dans ses papiers : « Jean Filleul et Martin Doublé furent aussi emprisonnez, mais on ne dit point s'ils furent exécutez[1]. »

Eh bien! en effet, Martin Double n'avait point été exécuté; peut-être même avait-il été acquitté comme non coupable; mais, en tous cas, on doit être certain qu'il avait payé l'amende ainsi que les autres riches bourgeois, et nous supposerons volontiers que sa fortune avait été plus compromise que sa vie, puisque, sept ans après son emprisonnement, suivi ou non d'un procès criminel, mais, à coup sûr, d'une énorme imposition personnelle, il plaidait encore au civil devant la grand'chambre du Parlement :

« Conseil du Parlement de Paris, séance du 25 juillet 1390[2].

« *Item*, entre Guillaume Neveu, d'une part, et maistre Martin Double, et les exécuteurs du testament ou dernière volonté de feu Marguerite d'Espervant, d'autre part, sur le plaidoié entre lesdites parties le XIXe jour de may dernièrement passé, tout veu et tout considéré :

« Il sera dit que certains commissaires de la Court sommairement et de plain se enformeront se ou fait (au) dont parle le plaidoié a aucune fraude, et de la vérité du brevet du Chastelet, dont parle le plaidoié. Et, avec ce, se enformeront de la juste valeur de la maison, et de tout ce qu'il trouveront ils feront leur raport à la Court.

« *Pronunciatum prima julii MCCCLXXXX*[3]. »

1. Mémoires historiques et critiques sur divers points de l'histoire de France, par Eudes de Mézeray. *Amsterdam, J.-Fr. Bernard,* 1732, in-8, t. Ier, p. 35.
2. Registre VIII, fol. 132 v°. Archives de l'Empire.
3. C'est aux recherches obligeantes du savant paléographe M. E. Boutaric, chef de section aux Archives de l'Empire, que nous devons la découverte et la communication de ce document, ainsi que du suivant.

Notre première pensée a été de chercher le plaidoyer de Martin Double, à la date indiquée, mais malheureusement la collection des plaidoiries, conservée aux Archives de l'Empire, ne commence qu'à quelques années de là.

Trois ans plus tard, Martin Double vivait encore, et un document très-curieux nous apprend qu'il avait conservé, dans un âge avancé, toute sa fermeté, toute son énergie, toute sa ténacité de caractère. Voici ce document[1] :

« Pour ce que aujourd'hui la Court avoit avoquée une cause qui estoit au Chastellet touchant un bourgeois de Paris qui avoit acheté un cheval au nom de Monseigneur de Lengres, pour lequel bourgeois l'évesque estoit prest de prendre la garandie et deffense, ou son procureur pour lui, et pour ce que il ne plaide que céans, estoit mandé au premier huissier que prinse la garandie ou deffense par l'évesque, il fist commandement au prévost ou son lieutenant, que il, prinse la garandie, renvoiast la cause céans, et que le lieutenant avoit dit que la garandie n'estoit pas prise, et pour ce n'en feroit aucun renvoy, et que maistre Martin Double avoit dit à l'uissier, que, se il feust lieutenant ou u siège, il l'eust envoié sur les quarreaux en prison. Et sur ce la Cort eust esté informée, et de ses paroles, par maistre Pierre à l'Espée et maistre Guillaume Rabigoys, que la Court avoit pour ce mandé ; et après, maistre Martin sur ce mandé par la Court et par serment interrogué, eust dit que le lieutenant lui avoit demandé son opinion du renvoy, et que il lui avoit dit que, veu le mandement contenu en la Requeste, il lui sembloit que la cause ne devoit point estre renvoiée, il dist à l'uissier, pour ce que il parloit trop aigrement au lieutenant, non pas pour deshoneur que il eut en

1. Conseil du Parlement, registre X, fol. 203 v°, mercredi 7 mai 1393.

entencion de faire à la Court, il lui dist que il ne gardoit pas les termes de son mandement, car il mandoit que receue la garantie, etc. (*sic*), et qu'il n'avoit point entendu que il y feust contenu par l'évesque ou son procureur, etc., il dist au dit huissier, que se il estoit prévost il ne le souffriroit pas si hault parler, et oultre que se il feust en jugement contre le lieutenant, il l'eust envoié en prison. Tout ce actendu et considéré, la Court a blasmé le dit maistre Martin et lui a fait amender et fait le pli. Et ne sera tenus de faire aultre amende pécuniaire ne aultre. »

Martin Double n'était peut-être plus alors conseiller du roi au Châtelet, mais il était toujours avocat plaidant aux audiences du Parlement. Deux ans après cette date, nous le retrouvons encore ; cette fois, il est devenu conseiller au Parlement, quoique François Blanchard ne l'ait pas nommé dans le Catalogue chronologique des Conseillers, placé à la fin de l'Histoire généalogique des *Présidents au mortier* (Paris, Cardin Besongne, 1647, in-fol.), et cette omission semble provenir de ce qu'on n'avait pu consulter, pour les années 1393, 1394 et 1395, plusieurs registres du Parlement, perdus ou détruits durant les troubles du règne désastreux de Charles VI. On peut affirmer que Martin Double avait été nommé conseiller au Parlement, ainsi que ses confrères et amis Guillaume de Sens et Jean Filleul, dans l'intervalle du mois de mai 1393 au mois de juillet 1395.

Dans un arrêt de la Tournelle criminelle du Palais, en date du 26 juillet 1395, le nom de Martin Double figure parmi les noms des *conseillers du roi* assemblés sous la présidence du chancelier de France [1]. On ne saurait mettre en

1. Choix de pièces inédites relatives au règne de Charles VI, publiées pour la Société de l'Histoire de France, par Douet d'Arcq. *Paris, Renouard*, 1863, in-8, t. Ier, p. 126.

doute que Martin Double fût alors conseiller au Parlement.

C'est en cette qualité, d'ailleurs, qu'il fut envoyé avec deux de ses collègues, en 1396, devers le roi à Melun, pour lui présenter certaines remontrances, au nom du Parlement. Par malheur, le document qui constate ce fait, et qui doit exister aux Archives de l'Empire, n'a pas été retrouvé.

Nous n'avons découvert aucun renseignement sur l'époque de sa mort, et les conjectures à cet égard ne nous mèneraient à aucun résultat satisfaisant. Est-il mort à Paris, dans un âge avancé? Avait-il quitté la capitale, pour ne pas être enveloppé une seconde fois dans les émeutes parisiennes? Était-il encore, à cette époque, un des plus riches bourgeois, un des notables les plus influents de la ville? Avait-il une famille nombreuse? Quelle a été depuis la destinée de ses descendants?

Nous présumons qu'il n'y avait plus personne de son nom, à Paris, en 1418, puisque ce nom n'est pas cité parmi ceux des bourgeois de Paris qui prêtèrent serment entre les mains de Jean sans Peur, duc de Bourgogne, au mois d'août de cette année[1]. La famille de Martin Double, il est vrai, se tenait peut-être à l'écart de la faction bourguignonne, mais si elle avait suivi le parti des Armagnacs, elle eût été forcée d'émigrer hors de la capitale. C'est là probablement ce qui était arrivé. Suivant une tradition que nous ne faisons qu'indiquer ici, sans essayer de la fortifier par des preuves qui nous manquent, les descendants directs de Martin Double seraient allés, vers ce temps-là, s'établir en Languedoc et y auraient formé plusieurs branches, qu'on retrouve à Mar-

1. Paris et ses historiens aux quatorzième et quinzième siècles, par Le Roux de Lincy et L.-M. Tisserand. *Paris, impr. impér.*, 1867, gr. in-4, p. 371.

seille et à Toulouse pendant les seizième et dix-septième siècles. Quoi qu'il en soit, la renommée de maître Martin Double au barreau de Paris était encore dans tout son éclat, lorsque Gilles le Bouvier, dit Berry, premier roi d'armes de Charles VII, enregistrait dans son Armorial le nom et les armes des Double.

INDICATIONS GÉNÉALOGIQUES

I

Bernard Double, bourgeois de Péronne, venant s'établir à Paris, vers 1230.

II

Anquetin Doublet [1], demeurant à Paris, compris dans la Taille de l'année 1282.

III

Jehan Doublet, rue Quincampoix, et *Thomas* Doublet, rue Saint-Jean-en-Grève, à Paris, compris tous deux comme propriétaires de deux immeubles, dans la Taille extraordinaire de l'année 1313.

IV

Doublet, garde des armures du roi, en 1317.

V

Colin Doubleau ou *Colinet* Doublet, officier de la maison du roi de Navarre, et chargé d'une mission secrète par ce prince, vers 1340.

VI

Messire *Olivier* Double ou *Doublet*, écuyer du dauphin, duc de Normandie, fils du roi Jean; décapité en 1355.

VII

Martin Double ou *Doublet*, avocat en Parlement et conseiller du roi au Châtelet, anobli par lettres patentes de Charles V, en 1378, conseiller au Parlement de Paris en 1395; mort après 1396.

1. Le nom de *Doublet* est le même que celui de *Double;* on disait indifféremment l'un ou l'autre; on les traduisait en latin l'un et l'autre par *Doublus* ou *Duplex*.

SOURCES A CONSULTER

Antiquités nationales, recueillies, par Sainte-Palaye; Supplément, par Secousse. Collection formant 80 volumes mss. in-4. *Bibl. de l'Arsenal.*

Ph. de BEAUMANOIR. Coutumes de Beauvoisis, avec notes et glossaire, par Thaumas de la Thaumassière. *Bourges*, 1690, in-fol.

Fr. BELLEFOREST. Les grandes Annales et Histoire généralle de France. *Paris, G. Buon*, 1579, 2 vol. in-fol., tome II.

J.-A. BUCHON. Livre de la Taille de Paris, en l'an mil trois cent treize. Tome IX des Chroniques nationales françaises. *Paris, Verdière*, 1827, in-8.

Chroniques de France (appelées Chroniques de Saint-Denys). *Paris, Ant. Verard*, 1493, 3 vol. in-fol., tome III.

Chroniques extraites de Froissart, Ms. in-fol. du quinzième siècle. *Bibl. de l'Arsenal.*

Conseil du Parlement. Registres VIII et X, in-fol. *Archives de l'Empire.*

Gilles CORROZET. Le Trésor des Histoires de France, réduites par titres, parties en forme d'annotations, partie par lieux communs. *Paris, Galiot Corrozet*, 1583, in-8.

Eust. DESCHAMPS. Œuvres inédites, publ. par Tarbé. *Reims*, 1849, 2 vol. in-8.

DOUET D'ARCQ. Choix de pièces inédites relatives au règne de Charles VI, publiées pour la Société de l'Histoire de France. *Paris, Renouard*, 1863, 2 vol. in-8.

Car. DU FRESNE, domini DUCANGE. Glossarium ad scriptores mediæ et infimæ latinitatis. *Parisiis, Osmont*, 1733, 6 vol. in-fol. — Au mot *Armatura.*

A. DULAURE. Histoire physique, civile et morale de Paris, 2e édit., augm. *Paris, Guillaume*, 1824, 10 vol. in-8.

Scipion DUPLEIX. Histoire généralle de France. *Paris, Cl. Sonnius*, 1648, in-fol., tome III.

Jean FROISSART. Chroniques, édit. publ. par J.-A. Buchon, dans les

Chroniques nationales françaises. *Paris, Verdière,* 1824, 15 vol. in-8. Tome VIII.

R. GAGUINI Annales Francorum. *Parisiis, And. Bocard,* 1497, in-fol.

Rob. GAGUIN. La Mer des Chroniques et Mirouer historial de France, jadis composé en latin par religieuse personne frère Robert Gaguin. *Paris, J. Longis,* 1536, in-fol.

Nicole GILLES. Les Chroniques et annales de France, édit. continuée par Belleforest et G. Chappuis. *Paris, Léon Cavellat,* 1595, in-fol.

Theod. GODEFROY. Le Cérémonial françois, mis en lumière par Denys Godefroy. *Paris, Séb. Cramoisy,* 1649, 2 vol. in-fol.

H. GUÉRAUD. Rôle de la Taille imposée sur les habitants de Paris en 1292; dans l'ouvrage intitulé : Paris sous Philippe le Bel, d'après les documents originaux. *Paris, imp. roy.,* 1837, in-4.

Jean JUVENEL DES URSINS. Histoire de Charles VI, roy de France, publ. par Denys Godefroy. *Paris, impr. roy.,* 1653, in-fol.

Nic. de LAMARRE. Traité de la Police. *Paris, Mich. Brunet,* 1722 et suiv., 4 vol. in-fol., tome III.

Jean LECOQ, dit GALLI. Decisiones Parlamenti Parisiensis, per Joannem Galli, in eadem curia advocatum regium, collectæ; per Carolum Molinæum recognitæ. *Francofurti ad Mænum,* 1570, in-fol.

Réimprimé dans le tome II des œuvres de Ch. Dumoulin. *Paris, J.-B. Coignard,* 1681, 5 vol. in-fol.

G. LE BOUVIER, dit BERRY, roi d'armes de France. Armorial ou Registre de noblesse, Ms. du quinzième siècle. *Bibl. impér. de Paris.*

LE ROUX DE LINCY et L.-M. TISSERAND. Paris et ses historiens, aux quatorzième et quinzième siècles, documents et écrits originaux. *Paris, imp. impér.,* 1868, in-4, tome Ier.

Ch. LOYSEAU. Du droit des Offices. Voy. ce traité dans ses Œuvres. *Paris,* 1640, in-fol.

Ant. LOISEL. Divers opuscules tirez de ses Mémoires. *Paris, impr. de la veuve de J. Guillemot,* 1652, in-4.

S. LUCE. Chronique des quatre premiers Valois (1327-1393), publ. pour la première fois pour la Société de l'Histoire de France. *Paris, Renouard,* 1862, in-8.

Eudes de MÉZERAY. Histoire de France. *Paris, Guillemot,* 1642-51, 3 vol. in-fol., tome Ier.

Eudes de Mézeray. Mémoires historiques et critiques sur divers points de l'histoire de France. *Amsterdam, J.-F. Bernard*, 1732, 2 vol. in-8.

Henri Martin. Histoire de France, depuis les temps les plus reculés. 4e édition. *Paris, Furne*, 1855, 16 vol. in-8, tome V.

Les Olim ou Registres des arrêts rendus par la Cour du roi, sous les règnes de saint Louis, Philippe le Hardi, Philippe le Bel, Louis le Hutin et Philippe le Long, publ. par le comte Beugnot. *Paris, impr. impér.*, 1839-48, 4 vol. in-4, tome Ier.

Ordonnances des rois de France de la troisième race, recueillies par ordre chronologique, par Eus. de Laurière, Secousse, etc. *Paris, impr. roy.*, 1723 et ann. suiv., 21 vol. in-fol., tome VI.

Recueil des Historiens des Gaules et de la France, par Dom Bouquet, etc., continué par l'Académie des inscriptions et belles-lettres. *Paris, libr. assoc.* et *imp. roy.*, 1738 et suiv., 22 vol. in-fol., tome XXII, publ. par MM. Guigniaut et de Vailly.

Registres de la Chancellerie de France. Trésor des Chartes, registre CXIII, pièce 301. *Archives de l'Empire.*

Le Religieux de Saint-Denis. Histoire de Charles VI, escrite par les ordres et sur les Mémoires de Guy de Monceaux et Philippe de Villette, abbé de Saint-Denis, trad. par J. Le Laboureur. *Paris, L. Billaine*, 1663, 2 vol. in-fol.

Chronique du Religieux de Saint-Denis (texte latin en regard), trad. par Bellaguet. *Paris, impr. Crapelet*, 1839 et suiv., 6 vol. in-4, tome Ier.

Secousse. Mémoires pour servir à l'histoire de Charles II, roi de Navarre et comte d'Évreux, surnommé le Mauvais. *Paris, Durand*, 1758, in-4.

Recueil de pièces servant de preuves aux Mémoires sur les troubles excités en France par Charles le Mauvais, roi de Navarre. *Paris, Durand*, 1755, in-4.

Stilus superincliti Parlamenti ac Requestarum, arrestis quam plurimis fulcitus ac ordinationibus regiis nunc primum impressis; cum scholiis Stephani Auferii, præsidis Tholosani, cui junctæ sunt Decisiones Parlamenti Parisiensis ac pleraque alia senatusconsulta, à Joanne Gallo, regio in ipso senatu advocato. *Lugduni*, 1525, in-8.

A. Teulet. Inventaires des Archives de l'Empire. Layettes du Trésor des Chartes. *Paris, H. Plon*, 1866, in-4, tome Ier.

BIBLIOTHÈQUE NATIONALE R.F. IMPRIMÉS

PARIS. — TYPOGRAPHIE DE CH. MEYRUEIS

RUE CUJAS, 13.

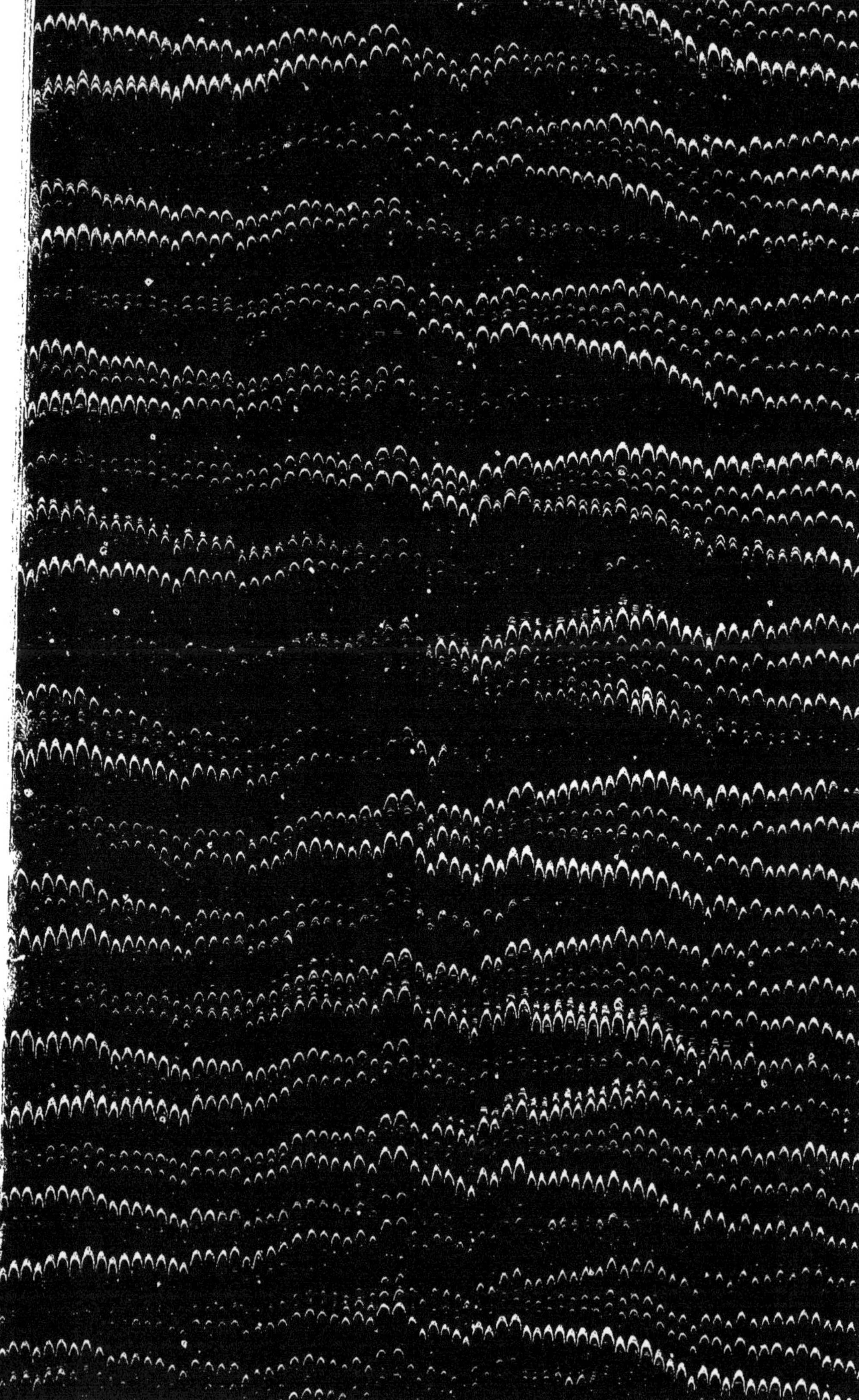

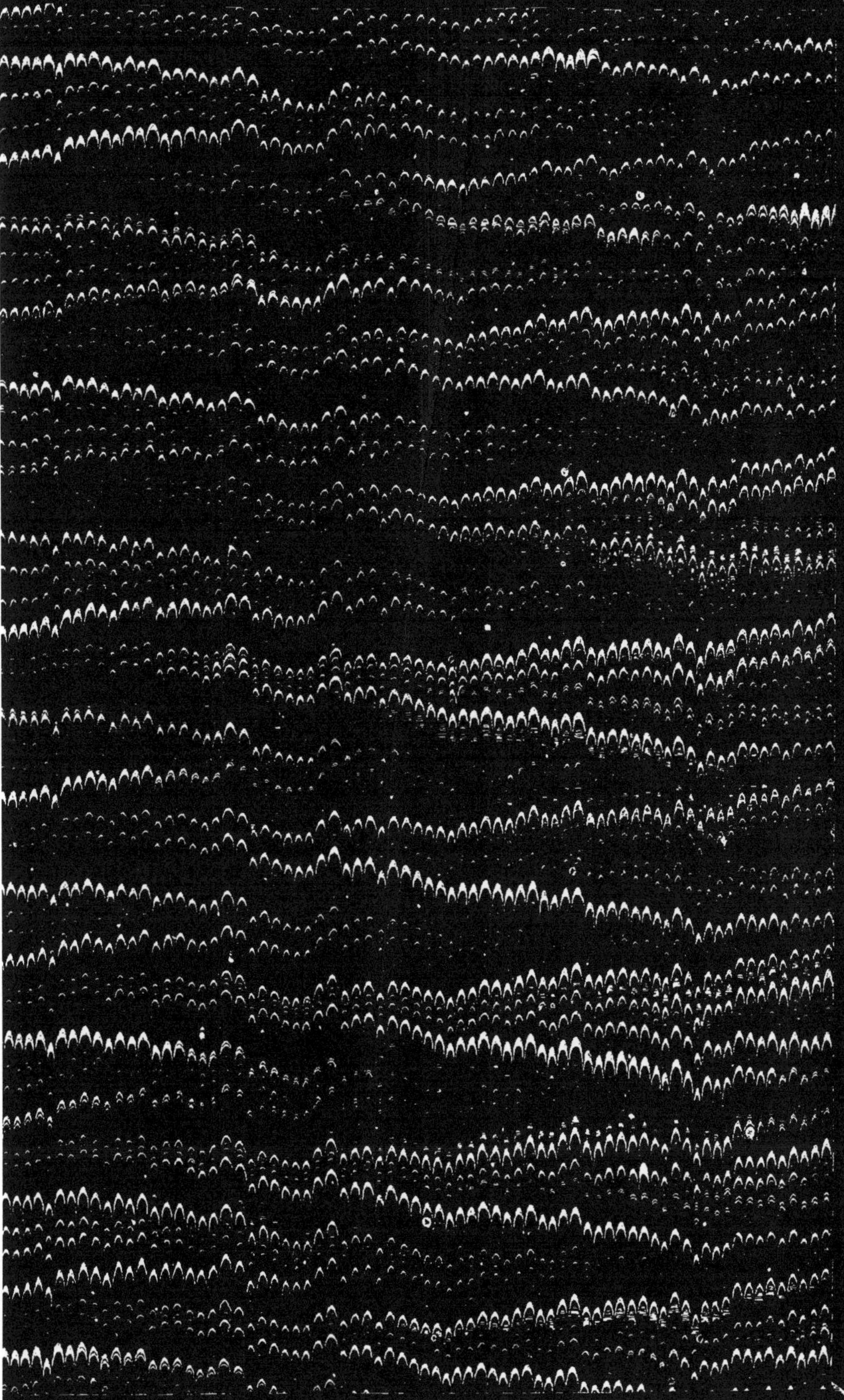

BIBLIOTHEQUE NATIONALE DE FRANCE
3 7531 04324705 6

www.ingramcontent.com/pod-product-compliance
Ingram Content Group UK Ltd.
Pitfield, Milton Keynes, MK11 3LW, UK
UKHW020319220726
13923UKWH00003B/1251